# Exerçons-nous

# Grammaire

Exercices
Niveau
supérieur II

## CORRIGÉS

**C.-M. BEAUJEU, A. CARLIER, R. MIMRAN,
M. TORRES, J. VRILLAUD-MEUNIER**

HACHETTE F.L.E.
58, rue Jean-Bleuzen
92170 Vanves

## Collection
# Exerçons-nous

## Titres parus ou à paraître

*Pour chaque ouvrage, des corrigés sont également disponibles.*

- *350 exercices de grammaire*
  - *niveau débutant*
  - *niveau moyen*
  - *niveau supérieur I*
  - *niveau supérieur II*

- *350 exercices de vocabulaire*
  - *Vocabulaire illustré niveau débutant*
  - *Exercices, textes et glossaires, niveau avancé*

- *350 exercices de phonétique avec six cassettes*

- *350 exercices de révisions*
  - *niveau 1*
  - *niveau 2*
  - *niveau 3*

Pour découvrir nos nouveautés,
consulter notre catalogue en ligne,
contacter nos diffuseurs, ou nous écrire,
rendez-vous sur Internet :
**www.fle.hachette-livre.fr**

Mise en page : Envergure
Maquette de couverture : Version Originale.
ISBN : 2-01-016290-0
ISSN : 114 2 - 768 X
© HACHETTE 1992, 43, quai de Grenelle, 75905 Paris Cedex.

# Sommaire

# Remarques

• L'imparfait et le plus-que-parfait du subjonctif ne s'employant plus guère dans la langue courante, nous avons choisi de ne pas les conseiller dans les phrases où le verbe principal est au passé composé.

>Exemple : **Le médecin a demandé qu'on lui *communique* les résultats de l'analyse.**

En revanche, nous les proposons toujours lorsque le verbe principal est au passé simple ou à l'imparfait.

>Exemple : **Peu lui importait le cadre du restaurant pourvu que l'on y *fût/fasse* bonne chère.**

• Les exercices de caractère essentiellement créatif sont précédés de la mention (*par exemple*).

• Nous ne pouvons pas toujours donner une liste exhaustive des réponses possibles.
– Nous tentons néanmoins de fournir les principales manières de répondre. L'alternative est alors indiquée par une barre oblique.

>Exemple : **grièvement/gravement**

– Les différentes réponses sont généralement présentées par ordre de préférence décroissant.
– Les éléments indiqués entre parenthèses sont facultatifs.

>Exemple : **La foule se faisait plus dense (au fur et) à mesure que nous approchions...**

# CHAPITRE 1

# L'article

**1** l' - la - la - la - la - la - le - la - le - la - l' - le - l' - l' -
la - l' - l' -l' - l' - l'.

**2**
1. de la.  Je ne bois pas de bière.
2. le.  Je n'aime pas le pain.
3. du.  Je ne mange pas de pain.
4. la.  Je n'apprécie pas la musique baroque.
5. de la.  Je n'écoute jamais de musique de chambre.
6. la.  Je ne supporte pas bien (ou : pas du tout) la chaleur.
7. du.  Je n'ai pas entendu de bruit.
8. l'.  Je n'admire pas l'architecture moderne.
9. du.  Ce pays n'importe pas de pétrole.
10. des.  Ce pays n'exporte pas de céréales.
11. les.  Je ne méprise pas les compliments.
12. les.  Je ne déteste pas les orages.
13. de la.  Je n'ai pas de monnaie.
14. la.  Je n'étudie pas la sociologie.
15. de l'.  On ne vend pas d'essence ici.
16. de l'.  Je n'ai pas acheté d'huile d'olive.
17. la.  Je n'excuse jamais la négligence.
18. des.  Cet homme ne fume pas de cigarettes blondes.
19. le.  Cet homme ne fume pas le cigare.
20. le/du.  On ne cultive pas le/de tabac dans cette région.

**3** 1. du  2. un  3. le  4. un  5. du  6. un/du  7. un/du  8. un  9. la  10. qu'une

**4**
**A**

1. l'  2. d'un  3. des  4. de  5. la, de la  6. un bruit de foule/le bruit de la foule  7. des, de  8. des, d'une  9. le, des  10. le, de

**B**

1. l', du  2. de, de  3. d'  4. l', de l'  5. un, d' ou le, d'un  6. l', de ou un, de  7. une, de ou la, des  8. un, de  9. le, des  10. un, de

**5**
1. l', le, la, des
2. le, le, de la
3. de, de, du, des
4. le, de la, le, la
5. un, la, d'
6. une, des, la, du
7. de, une, de la
8. un, aux, du
9. le/un, du, d'/de l'
10. le, des, du

**6**
1. des
2. de
3. des/de, des/de
4. des, de
5. des
6. des
7. des, de
8. de
9. des
10. de

**7**
1. d'
2. du/de, du
3. de
4. du, du
5. d'
6. de l'
7. d'
8. une
9. de
10. des

**8**
1. Chien qui surveille un troupeau de moutons.
Le chien d'un berger défini.
2. Type de coiffure.
La queue d'un cheval déterminé.
3. Table qui résiste aux intempéries, qu'on peut laisser dans un jardin.
La table de ce jardin précis.
4. Thème sur lequel on peut parler.
Le sujet de cette conversation précise.
5. Celui qui dirige un pays (roi, président...)
Le chef de l'État où l'on est, dont on parle...

**9**
1. un, de ; les, de la
2. un, de ; la, du
3. un, de ; le, de la
4. un, de ; le, de la
5. un, de ; le, de la

**10**
**A**
1. des
2. de, des, les
3. de la, l'/un
4. une, de
5. des, de
6. la, d'un *ou* : une, d'
7. des
8. aux, les
9. les, les
10. de, les

**B**
1. de la, une
2. de la
3. la, la, de
4. un, des, de, les
5. les, de

6. la, les, les
7. l', de
8. de l', l', de la, une/l', du
9. du, la, une
10. de, d', de

---

**11**

| | |
|---|---|
| 1. des  de | 6. des  de |
| 2. des  de | 7. les  des |
| 3. les  des | 8. du  de |
| 4. un  de | 9. de la  de |
| 5. la  de la | 10. du  de |

---

**12**  1. un 2. l' 3. de l' 4. d' 5. d' 6. d' 7. d' 8. des 9. d' 10. d', un, des, les.

---

**13**  1. la 2. sa 3. le 4. son 5. les 6. ses 7. la 8. sa 9. au 10. au/à son

---

**14**

**A**

1. — 2. un 3. — 4. de la 5. — 6. d' 7. les 8. — 9. d'une 10. de, d'

**B**

1. une 2. d' 3. de 4. le 5. la 6. la/— 7. —, —/de l', de la 8. de, de la 9. d' 10. de l'

---

**15**  1. Locution verbale figée (perdre espoir).
2. Locution verbale figée (promettre monts et merveilles = promettre des choses impossibles).
3. Construction archaïque (donner ordre = donner l'ordre).
4. Construction archaïque (parler quelque chose = aborder le sujet de...).
5. Locution verbale figée (rester lettre morte = rester sans valeur, être inutile).
6. Énumération.
7. Généralisation-termes antithétiques (entre êtres supérieurs et êtres inférieurs = entre les ... et les ...).
8. Locutions avec les prépositions *avec* et *sans* (absence de précision).
9. Locution verbale figée (faire amende honorable = reconnaître ses torts, demander pardon).
10. Construction archaïque (on peut dire : "a-t-on jamais entendu une histoire...")

---

**16**  *(par exemple)*
1. – Ils nous ont fait part de leur mariage (= annoncer).
– Il faut faire la part de l'émotion dans son discours (= tenir compte de).
2. – Le voleur a fait feu dès qu'il s'est senti découvert (= tirer avec une arme à feu).
– Nous avons fait du feu dans la cheminée (= faire brûler du bois, du papier...)
3. – Ils ont courageusement fait front aux critiques (= résister à).
– Nous n'avons pas eu le front de leur demander leur identité (= avoir l'audace de).
4. – La mairie fait face à la cathédrale/Il faut toujours faire face à l'adversité (= être situé en face de, présenter la face, la façade/résister à).
– Ils ont été vaincus mais ils n'ont pas perdu la face (= perdre son prestige, son honneur).
5. – Je suis optimiste : j'ai foi en l'avenir (= avoir confiance en).
– Ils ont pu surmonter l'épreuve parce qu'ils avaient la foi (= croire en Dieu).
6. – Vous avez eu raison d'insister : nous avons gagné grâce à vous (= ne pas se tromper).
– Avez-vous une seule raison de vous plaindre ? (= avoir un motif).
7. – Je me suis abstenu de prendre parti dans cette querelle (= choisir, prendre position).
– Il a toujours pris le parti des pauvres contre les riches (= défendre l'opinion, les intérêts de)/Ils avaient pris le parti de quitter le pays dès que possibl (= décider de).
8. – Il est tard : nous allons prendre congé (= saluer les personnes que l'on va quitter).
– Je ne prendrai pas de congé avant l'été (= prendre du repos, des vacances).
9. – Prenez garde aux voitures en sortant ! (= faire attention à).
– Deux soldats montaient la garde devant la caserne (= garder, surveiller).
10. – Nous avons perdu de vue les Dupont depuis un certain temps (= ne plus voir, ne plus fréquenter).
– Il a perdu la vue lors d'un accident de voiture (= devenir aveugle).

---

**17**  une marche... la plage... le bateau. Les/des estivants... le sable... Une atmosphère... Une brise... la mer... la toile des cabines. De petites vagues... les châteaux de sable... les enfants... le bord... un doux clapotement. Le ciel... des nuages aux contours changeants... le soleil... le sable, le/un sable... de coquillages, d'algue séchées, de débris... D'un regard circulaire... l'horizon... l'océan... la voile... du bateau...

---

**18**  le/un pont... le torrent... au passage d'une fine poussière... la direction du col. Dans le lointain, une barrière de montagnes/la barrière des montagnes... des vapeurs... de la nuit. Le grondement... de l'eau... les pluies d'orage des jours derniers... un certain temps... le paysage... aux chemins... un sentier... les/des éboulis... un troupeau de brebis... de rares touffes d'herbe/d'une herbe... la tête... une ancienne bergerie... au cœur des alpages... l'herbe... du gazon. de fleurs sauvages embaument l'air... l'heure où de minces bandes de brume... la vallée... le seuil... les derniers feux du jour... les premières étoiles.

---

**19**  le monde, les continents... de grands fleuves... des capitales et des villes d'art... l'occasion ou les moyens... l'imagination... des projets... un beau matin... le dos.... l'avion.... la Chine, au Tibet... au Japon... l'Iran... la Turquie... la Grèce... l'Europe. une foule d'objets... des tapis, de belles armes en argent, des pierres rares, de l'ivoire, des perles, du/des bois précieux... des photos... des rumeurs... la tête emplie... des réminiscences : les cris gutturaux des marchands, la sirène d'un grand bateau sur un fleuve, les appels rauques des oiseaux de mer... le soir autour des mâts des navires.

**20** Les noms qui ne sont pas précédés d'un article sont tous *indéterminés*.

## A

L'article indéfini *des* ou partitif *du*, *de la*, *des* est omis après la préposition *de*, c'est-à-dire, dans ce texte :
a) devant les compléments du nom indiquant la matière : bande de sable (ligne 1), champs de moutarde (l. 5), jardins de magnolias (l. 5), carrières de pierre (l. 5), dallage de marbre et de pierre (l. 9) ;
b) devant les compléments d'un nom ou d'un adverbe indiquant la quantité : dizaines de barques (l. 2), réseau de verticales et d'obliques (l. 3-4), autant de taches (l. 4), couches d'alluvions (l. 8) ;
c) devant le complément du participe passé : plantée de genêts rares et d'arbres nains (l. 1) ; encombrée de dizaines et de dizaines de barques (l. 2) ;
d) après les locutions prépositives se terminant par *de* : au flanc de coteaux (l. 6).

## B

Lorsque le nom pluriel est précédé d'un adjectif, *des* est remplacé par *de* : de noirs jardins, de rouges carrières (l. 5).

# Le pronom personnel

**1**

**A**

1. Oui, vous pouvez me/nous les emprunter. Non, vous ne pouvez pas me/nous...
2. Oui, il les lui a retournés. Non, il ne les lui a pas...
3. Oui, il la lui a présentée. Non, il ne la lui a pas...
4. Oui, il les leur a distribuées. Non, il ne les leur a pas...
5. Oui, il me/nous les a signalées. Non, il ne me/nous les a pas...
6. Oui, il la lui a concédée. Non, il ne la lui a pas...
7. Si, il me/nous l'a facturé. Non, il ne me/nous l'a pas...
8. Oui, on les leur a renvoyés. Non, on ne les leur a pas...
9. Oui, il la leur a conseillée. Non, il ne la leur a pas...
10. Oui, c'est bien lui qui le leur accorda.

**B**

1. Oui, je lui en ai versé. Non, je ne lui en ai pas versé/Oui, nous lui en avons versé. Non, nous ne lui en avons pas versé.
2. Oui, on m'en a fait beaucoup. Non, on ne m'en a pas fait.../Oui, on nous en a fait beaucoup. Non, on ne nous en pas...
3. Oui, je désire m'en débarrasser. Non, je ne désire pas.../Oui, nous désirons nous en débarrasser. Non, nous ne désirons pas...
4. Oui, j'aimerais/nous aimerions en avoir un (grand).
 Non, je n'aimerais pas/nous n'aimerions pas...
5. Il leur en a présenté un/deux/etc.
6. Oui, je vous en ai rapporté quelques-uns. Non, je ne vous en ai pas rapporté/je ne vous en ai rapporté aucun./Oui, nous vous en avons rapporté quelques-uns. Non, nous ne vous en avons pas rapporté/nous ne vous en avons rapporté aucun.
7. Oui, on leur en a distribué suffisamment. Non, on ne leur en a pas...
8. Oui, il leur en a apporté assez. Non, il ne leur en a pas...
9. Oui, je les en ai tous avertis. Non, je ne les en ai pas tous.../Oui, nous les en avons tous avertis. Non, nous ne les en avons pas…
10. Oui, c'est moi qui en ai été chargé(e). Non, ce n'est pas moi...

**2**

1. Oui, j'en ai enfin loué une/nous en avons...
2. Oui, elle la surplombe.
3. Oui, elle en possède plusieurs.
4. Oui, il y en aurait une (grande).
5. Si, ils les cachent.
6. Oui, on les distingue (très bien).
7. Oui, on me les a déjà remises./... on nous...
8. Oui, on peut en pêcher.
9. Oui, il y en a quelques-unes.
10. Oui, j'en ferai une/nous en ferons une.

**3**

**A**

1. Il y a échappé.
2. Il leur a échappé.
3. Il y a désobéi.
4. Il leur a désobéi.
5. Il leur a fait face.
6. Ils y ont fait face.
7. Il lui a résisté vaillamment.
8. Elle y a résisté.
9. Je refuse de leur répondre.
10. Il n'y répond plus.

**B**

1. J'y songe.
2. Je songe toujours à eux.
3. Elle s'est fiée à eux.
4. Ne vous y fiez pas trop.
5. Tu t'adresseras à lui.
6. Vous vous y adresserez.
7. Nous y avons recouru.
8. On a eu recours à lui.
9. Elle y tient beaucoup.
10. Il tient beaucoup à eux.

**4**

1. Oui, j'accepterais de m'y fixer. Non, je n'accepterais pas.../Oui, nous accepterions de nous y fixer. Non, nous n'accepterions pas...
2. Oui, il lui a prescrit une cure. Non, il ne lui a pas prescrit de cure.
3. Oui, il lui appartenait. Non, il ne lui appartenait pas.
4. Oui, je m'intéresse à lui. Non, je ne m'intéresse pas à lui./Oui, nous nous intéressons à lui. Nous ne nous intéressons pas...
5. Oui, je m'y intéresse beaucoup. Non, je ne m'y

intéresse pas./Oui, nous nous y intéressons. Non, nous ne nous y intéressons pas.

6. Oui, j'y crois. Non, je n'y crois pas./Oui, nous y croyons. Non, nous n'y croyons pas.

7. Oui, je me suis confié à lui. Non, je ne me suis pas confié à lui.

8. Oui, j'y ai veillé. Non, je n'y ai pas veillé/Oui, nous y avons veillé. Non, nous n'y avons pas veillé.

9. Oui, je pense parfois à elles. Non, je ne pense jamais à elles./Oui, nous pensons parfois à elles. Non, nous ne pensons jamais...

10. Oui, j'y participerai. Non, je n'y participerai pas./Oui, nous y participerons. Non, nous n'y participerons pas.

---

**5**
1. ... je m'en moquais...

2. Ne vous moquez pas d'eux.

3. On ne se méfie pas toujours assez d'eux.

4. On ne s'en méfie pas assez.

5. Pourquoi vous en passeriez-vous ?

6. ... ne saurait plus se passer d'elle.

7. ... étaient très fiers de lui.

8. Le metteur en scène en était très fier.

9. ... se détournèrent de lui.

10. Rimbaud s'en est très tôt détourné.

---

**6**
1. Oui, j'en serai. Non, je n'en serai pas./Nous en serons. Nous n'en serons pas.

2. Oui, j'en suis originaire/je le suis. Non, je n'en suis pas originaire/je ne le suis pas./Nous en sommes originaires/nous le sommes. Nous n'en sommes pas originaires/Nous ne le sommes pas.

3. Oui, elle se séparera facilement d'eux. Non, elle ne se séparera pas...

4. Oui, il s'en est préoccupé. Non, il ne s'en est pas préoccupé.

5. Si, il en serait digne/il le serait. Non, il n'en serait pas digne/il ne le serait pas.

6. Oui, je suis sûr de lui/je le suis. Non, je ne suis pas sûr de lui/je ne le suis pas.

7. Si, j'en ai souvent rêvé. Non, je n'en ai jamais rêvé./ Si, nous en avons souvent rêvé. Non, nous n'en avons jamais rêvé.

8. Oui, il était indispensable de le démolir/cela (c') était indispensable. Non, il n'était pas indispensable de le démolir/cela (c') n'était pas indispensable.

9. Oui, je l'envisage. Non, je ne l'envisage pas.

10. Oui, j'étais obligé de l'emprunter/j'y étais obligé/je l'étais. Non, je n'étais pas obligé de l'emprunter/je n'y étais pas obligé/je ne l'étais pas.

---

**7**
1. Je suis allé la chercher.

2. Je l'ai envoyé chercher.

3. Elle en a fait bouillir.

4. Il l'a laissé(e) tomber.

5. Nous les avons vu(es) s'envoler.

6. Ils viennent d'en acquérir un.

7. Elle va s'en faire faire un.

8. Nous les avons regardé(s) défiler.

9. Ils l'ont senti(e) venir.

10. Nous l'avons entendu(e) éclater.

---

**8** **A**
1. Oui, je les ai oubliées. Non, je ne les ai pas oubliées./Oui, nous les avons oubliées. Non, nous ne les avons pas oubliées.

2. Oui, je l'ai oublié. Non, je ne l'ai pas oublié./Oui, nous l'avons oublié. Non, nous ne l'avons pas oublié.

3. Si, j'ai négligé de les remplir/je l'ai négligé. Non, je n'ai pas négligé de les remplir/je l'ai pas négligé./Oui, nous avons négligé de les remplir/nous l'avons négligé. Non, nous n'avons pas négligé de les remplir/nous ne l'avons pas négligé.

4. Oui, je le sais. Non, je ne le sais pas./Oui, nous le savons. Non, nous ne le savons pas.

5. Oui, je l'ai commencée. Non, je ne l'ai pas commencée.

6. Oui, j'ai commencé (à le réparer). Non, je n'ai pas commencé (à le réparer).

7. Oui, elle l'a fini. Non, elle ne l'a pas fini.

8. Oui, elle a fini (de repasser). Non, elle n'a pas fini (de repasser).

9. Oui, je sais (conduire). Non, je ne sais pas (conduire)./Oui, nous savons (conduire). Non, nous ne savons pas (conduire).

10. Oui, j'irais volontiers. Non, je n'irais à aucun prix./Oui, nous irions volontiers. Non, nous n'irions pas volontiers.

**B**
1. Oui, j'ai pu toutes les éliminer/les éliminer toutes. Non, je n'ai pas pu toutes les éliminer/les.../Oui, nous avons pu.../Non, nous n'avons pas pu...

2. Oui, je pourrais m'en charger/je le pourrais. Non, je ne pourrais pas m'en charger/je ne le pourrais pas./Oui, nous pourrions nous en charger/nous le pourrions. Non, nous ne pourrions pas nous en charger/nous ne le pourrions pas.

3. Oui, je m'en rends compte. Non, je ne m'en rends pas compte.

4. Si, il me l'a défendu. Non, il ne me l'a pas défendu./Si, il nous l'a défendu. Non, il ne nous l'a pas...

5. Oui, on lui a proposé d'en signer un (nouveau)/on le lui a proposé. Non, on ne lui a pas proposé d'en signer un nouveau/on ne le lui a pas proposé.

6. Si, il a eu raison (de s'entêter). Non, il n'a pas eu raison (de s'entêter).

7. Oui, j'aime la faire/j'aime cela. Non, je n'aime pas la faire/je n'aime pas cela.

8. Oui, il oserait (les mettre à exécution). Non, il n'oserait pas (les mettre à exécution).

9. Si, je le regrette. Non, je ne le regrette pas./Si, nous le regrettons. Non, nous ne le regrettons pas.

10. Si, je la regrette. Non, je ne la regrette pas./Si, nous la regrettons. Non, nous ne la...

**9**
1. Il l'a bien mérité.
2. Il a fait semblant.
3. Il en a eu envie.
4. Il y a pensé.
5. Il en a profité.
6. Il a essayé.
7. Il a eu tort.
8. Il s'est joint à eux.
9. Il l'a exigé.
10. Il se défie d'eux.

**10**
1. Oui, j'ai songé à en demander une/j'y ai songé. Oui, nous avons songé.../nous y avons songé.
2. Oui, j'ai l'intention d'y assister/j'en ai l'intention.
3. Oui, je veux (bien) y goûter/je le veux/je veux bien.
4. Oui, je vous conseillerais de la faire réparer/je vous le conseillerais. Oui, nous vous conseillerions de.../nous vous le conseillerions.
5. (*réponse négative obligatoire*) Non, on n'en a pas le droit/on ne l'a pas.
6. Oui, je souhaiterais en connaître (quelques-unes)/je le souhaiterais. Oui, nous souhaiterions en.../ nous le souhaiterions.
7. Oui, je suis certaine de l'avoir déjà vu/j'en suis bien certaine/je le suis.
8. Si, nous craignons de l'être/nous le craignons.
9. Oui, je serais capable de le lui expliquer/j'en serais capable/je le serais.
10. Oui, je savais qu'il l'était/je le savais.

**11**
**A**
1. Ils s'en repentent.
2. Je le présume.
3. Nous nous y attendions.
4. Elle me l'a confié.
5. J'y veillerai personnellement.
6. Il s'en est progressivement détaché.
7. Je m'en suis réjoui.
8. Elles se l'imaginent.
9. Ils s'en vantent.
10. Ils s'y sont opposés.

**B**
1. Il s'y exerçait.
2. Je l'ai sincèrement regretté.
3. Il se le promet.
4. Il s'y évertuait.
5. Il y a consacré sa vie.
6. ... vous en êtes-vous abstenu ?
7. Nous ne le voudrions pas.
8. On le reprocha à l'ouvrier.
9. Vous ne nous y aviez pas autorisés.
10. Il en a maintenant honte.

**12**
**A**
1. Jouez-la-moi.
2. Informez-nous-en.
3. Faites-m'en faire un (double).
4. Présentez-moi à lui.
5. Présentez-le-moi.

**B**
1. Ne l'en dissuade pas.
2. N'y faites pas attention.
3. Ne leur en tenez pas rigueur.
4. Ne va pas chez eux/n'y va pas.
5. N'aie pas peur de lui !

**13**
**A**

| | |
|---|---|
| 1. m' | 6. te le |
| 2. le/la | 7. en, y |
| 3. le | 8. l', en |
| 4. en | 9. le, en |
| 5. y | 10. y, y, le |

**B**

| | |
|---|---|
| 1. leur, eux | 6. y |
| 2. en, le | 7. y/les, en, en |
| 3. l', y | 8. le |
| 4. en | 9. le, en |
| 5. l', en | 10. lui, me/nous/vous, l', lui |

**14**
(*par exemple*)
1. ... mais il les néglige.
2. ... et je m'en félicite.
3. ... et il en souffre./qui en souffrent.
4. ... qui l'inspire.
5. ... qui l'ignorent/mais il les ignore.
6. ... mais il s'en contente.
7. ... et il s'y tient.
8. ... mais il leur est très attaché./mais ils lui sont très attachés.
9. ... et il s'y astreint.
10. ... qui ne lui inspiraient pas confiance.

**15**
(*par exemple*)
1. J'ai vécu à Nice avec ma mère.
2. Nous avons proposé ces roses à notre voisine.
3. As-tu persuadé tes camarades de t'accompagner ?
4. Nous avions emprunté une scie au menuisier.
5. Il contraindra son adversaire à céder.
6. As-tu fait part à ta sœur de ton projet ?
7. Distribue les dragées aux enfants.
8. Ils n'ont pas confié leur chatte à leurs amis.
9. Tu n'avais pas convié tes cousines à la réception.
10. N'a-t-on jamais pardonné à Daniel d'avoir menti ?

**16**
**A** (*par exemple*)
1. Jouez-vous encore du violon ? Joues-tu ... ?
2. Vos frères jouent-ils au tennis ?
3. Pensez-vous à votre avenir ?
4. Que pensez-vous de ce film ? Que penses-tu ... ?
5. Ta grand-mère pense-t-elle à ses petits-enfants ?
6. Tes amis ont-ils réussi à se défaire de leur vieille voiture ?

7. Est-ce vous qui avez rédigé la pétition ?
8. Avez-vous un grand placard ?
9. Les employés vous ont-ils expliqué toutes les modalités de l'emprunt ? ,
10. Vos tantes vivent-elles à Lyon depuis longtemps ?


**B**

1. Allez-vous vous occuper de la réparation ?/Vas-tu t'occuper... ?
2. Aimeriez-vous avoir mon ancien aspirateur ? /Aimerais-tu... ?
3. As-tu vu la palissade couverte d'affiches ?
4. A-t-elle menacé de poursuivre ses voisins en justice ?
5. Savez-vous quelle est sa profession ?/Sais-tu... ?
6. Votre neveu sait-il patiner ?
7. N'avez-vous pas connu cette personne ? N'as-tu pas ... ?
8. Avez-vous reproché son retard à Anne ? As-tu ... ?
9. M'en voudrez-vous si je vous quitte dès maintenant ?
10. Les étudiantes ont-elles assisté à la conférence ?


**C**

1. Désires-tu plusieurs fascicules ?
2. Vos nièces sont-elles retournées au cirque ?
3. Les soldats n'ont-ils pas défendu la forteresse ?
4. Vous servez-vous beaucoup de votre tondeuse ?
5. La poule affolée s'est-elle réfugiée dans le garage ?
6. Est-ce vous qui avez planté ces cerisiers ?
7. Vos filles pourront-elles m'aider ?
8. As-tu taquiné ta petite sœur ?
9. Tiens-tu à cette gravure ?
10. Votre beau-père aime-t-il qu'on lui donne des conseils ?


**D**

1. Vous êtes-vous aperçus de votre oubli ?
2. L'enfant hospitalisé s'ennuie-t-il de sa mère ?
3. Les petits se souviennent-ils de leur grand-père ?
4. Les petites se rappellent-elles leur grand-oncle ?
5. Bernard se doutait-il du risque qu'il encourait ?
6. Ne te moques-tu pas trop de tes camarades ?
7. Avez-vous consacré votre vie à la science ?
8. Antoine s'est-il facilement accoutumé à son nouveau quartier ?
9. Votre belle-mère s'est-elle plu à la campagne ?
10. Brigitte s'intéresse-t-elle aux arts plastiques ?


**17** (NB. Il personnel = Jean)
1. Il (impersonnel) arrive qu'il (impersonnel)...
2. Il (imp.) ... Jean ...
3. Jean ... il (= Jean) ...
4. Jean ... il (imp.) ...
5. Il (imp.) ... Jean ... il (= Jean) ...
6. Jean ... il (imp.) ...
7. Il (imp.) ... Jean ...

8. Il (imp.) ... Jean ...
9. Il (imp.) ... Jean ...
10. Jean ... il (imp.) ... il (= Jean)


**18** (par exemple)

**A**
1. Je ne possède pas la somme demandée ; il s'en faut de beaucoup (que je puisse vous aider).
2. Ne m'en veuillez pas de mon retard.
3. Ne t'en prends pas à moi : je ne suis nullement responsable du malentendu.
4. Incapable de défendre lui-même sa cause, il s'en est remis à un avocat.
5. Les médecins consultés émettent des avis tellement différents que la malade ne sait plus à quoi s'en tenir.
6. Les deux garçons furieux en sont venus aux mains.
7. Les dégâts dus à l'incendie sont minimes : nous en avons été quittes pour la peur.
8. Les gamins, dans la neige, s'en donnaient à cœur joie.
9. Cessez de me mentir, je refuse de m'en laisser conter.
10. La municipalité restaure la mairie ; il en sera ainsi de tous les monuments historiques de la ville.


**B**

1. L'ébéniste s'y est bien/mal pris pour réparer le guéridon.
2. Ce garagiste prétend s'y connaître en électronique.
3. Vous n'êtes pas habitué à recevoir des ordres mais il faudra vous y faire.
4. Mon père a cru que j'avais déréglé sa machine à écrire mais je n'y étais pour rien.
5. L'arbre va être abattu : nous le déplorons mais nous n'y pouvons rien.
6. Sa voiture neuve est tombée brusquement en panne, il n'y comprend rien.
7. L'ouvrier avançait à tâtons dans le tunnel car il n'y voyait rien.
8. Il faut absolument que tu prennes du repos : il y va de ta santé.
9. C'est le dernier candidat qui l'a emporté sur tous les autres.
10. À peine arrivés au refuge, les skieurs entendirent gronder l'avalanche : ils l'avaient échappé belle.


**19** (N.B. Nous avons compté parmi les pronoms personnels les pronoms adverbiaux "en" et "y").
(l. 1) il = Swann
(l. 2) il = Swann
(l. 3) le = Swann
(l. 4) ils = ces gens
      l' = son amour
      y = à son amour
      en = de son amour
(l. 5) le = son amour
      ils = ces gens
      le = son amour

11

lui = à Swann
(l. 6) lui = Swann
lui = à Swann
il = Swann
(l. 7) lui = à Swann
(l. 8) la = Odette
(l. 9) elle = Odette

**20** (*N.B. Nous avons compté comme pronoms personnels les pronoms adverbiaux "en" et "y"*).
(l. 1) *les* = ces paroles ; *en* = de les écouter ; *les* = ces paroles
(l. 2) *elles* = ces paroles ; (*il* = pronom impersonnel).
(l. 3) *les* = ces paroles
(l. 4) *y* = à cela = à ce que vous vous les rappeliez
(l. 5) *y* = à ces paroles, *les* = ces paroles

# CHAPITRE 3

# Les indéfinis

## 1

### A

| | |
|---|---|
| 1. tous | 6. tout |
| 2. toutes | 7. toute |
| 3. tout | 8. tout |
| 4. tous | 9. tous |
| 5. tout | 10. tout |

### B

| | |
|---|---|
| 1. tout | 6. tous |
| 2. toute | 7. tout |
| 3. tout(e) | 8. toute |
| 4. tous | 9. tout |
| 5. tout | 10. toute |

## 2

| | |
|---|---|
| 1. tous | 6. toutes |
| 2. tous | 7. toute |
| 3. tout | 8. tout(es) |
| 4. tout/tous | 9. toute |
| 5. toute | 10. tout(es) |

## 3

1. très
2. chaque
3. seule
4. l'important/l'essentiel
5. chaque
6. entièrement/complètement
7. chaque
8. toute l'œuvre de
9. entièrement
10. l'ensemble

## 4

1. nous avons cru
2. on criait, on s'interpellait
3. nous nous sommes fait
4. on n'aime
5. on remarque
6. nous entendîmes/avons entendu
7. on a frappé
8. nous prenions, nous nous précipitions
9. nous sommes prêts
10. on se trompe, on se laisse

## 5

1. Personne n'a jamais vu refuser.../Une offre aussi alléchante ne se refuse pas.
2. Nous avons décidé de nous revoir.
3. La recherche médicale doit être encouragée.
4. Quelqu'un appelle.
5. La tour Eiffel a été inaugurée...
6. Chacun/tout le monde aime être apprécié...
7. Vous vous promenez ?
8. Nous souhaiterions...
9. L'Amérique fut découverte...
10. Quelqu'un...

## 6

| | |
|---|---|
| 1. l'un et l'autre | 6. l'un sur l'autre |
| 2. les uns les autres | 7. à l'une ou l'autre |
| 3. les uns aux autres | 8. l'un à l'autre |
| 4. l'une de l'autre | 9. les uns que les autres |
| 5. l'un pour/envers l'autre | 10. l'une sans l'autre |

## 7

1. assez importante, sûr
2. inexistantes, personne
3. plusieurs, variés
4. n'importe quel, médiocre
5. l'un... un autre, une si grande

## 8

| | |
|---|---|
| 1. partout, nulle part | 6. n'importe laquelle |
| 2. ailleurs/autre part | 7. autre part/ailleurs |
| 3. n'importe qui | 8. autre chose |
| 4. quiconque | 9. n'importe quoi |
| 5. d'autrui | 10. n'importe quel |

## 9

(*par exemple*)

### A

– Je n'en ai pas pour longtemps, je reviens tout de suite.

– Leurs points de vue divergeaient, ils ont tout de même fini par trouver un terrain d'entente.

– En tout, elle possédait un lit, une table et deux chaises.

– Nous étions peu nombreux, une dizaine tout au plus.

– Prends tes décisions toi-même, après tout tu es majeur.

– Des applaudissements fusaient de toutes parts.

– Il pratique le ski, la natation, la voile — somme toute, c'est un sportif accompli.

– Je passais devant votre porte, j'ai sonné à tout hasard.

– Mon voyage m'est revenu à 2 000 francs tout compris.

– Mon frère ne se fait pas faire ses costumes, il les achète tout faits.

## B

– Je garderai à tout jamais le souvenir de cette merveilleuse journée.

– A tout prendre, je préfère un paresseux intelligent à un imbécile appliqué.

– Tout compte fait, vous avez eu raison de renoncer à ce projet aventureux.

– Il s'est promis de lutter envers et contre tout pour faire triompher ses idées.

– La nouvelle peut sembler incroyable, elle figure pourtant en toutes lettres dans le journal.

– À toutes fins utiles, je vous signale que les travaux ne pourront commencer avant le printemps.

– À tous égards, la vie est plus facile dans une ville moyenne que dans une grande ville.

– Après une journée d'achats, il me restait en tout et pour tout un billet de 20 francs.

– Je vous demande, une fois pour toutes, d'éteindre la lumière avant de quitter la salle.

– Reste si tu veux, en tout cas, moi, je pars.

## 10

1. Les circonstances changent vite.
2. L'intérêt personnel prévaut.
3. Le plus faible peut souvent aider le plus fort.
4. L'apparence peut être trompeuse.
5. Il est plus difficile d'acquérir la considération de ses proches que celle des étrangers.
6. Toute faute est pardonnable.
7. On peut être pris à son propre piège.
8. D'un mal peut sortir un bien.
9. Personne n'est forcé d'aller au-delà de ses possibilités.

10. Accomplissons notre tâche quotidienne sans trop nous soucier des tâches à venir.

## A

(1.1) *Tout* dormait... (le pronom représente ici toute la ville : habitants, animaux, etc).

(l. 3) *Chacun* fuit... = chaque individu

*quelques-uns* ... = un petit nombre de personnes

(l. 4) *la plupart*... = la majorité des habitants

(l. 6) *tout* ce qu'on avait ... = les seules personnes

(l. 7) *on* les emmène ... = les gendarmes

## B

Le texte décrit une ville investie par une force armée. De la ligne 1 à la ligne 6, le texte est encadré par les deux pronoms "tout". Ces deux pronoms, qui ont habituellement une valeur neutre, désignent ici les habitants de la ville pris collectivement, et font un contraste : en effet, le premier (l. 1 : "tout dormait") évoque l'atmosphère paisible d'une ville dans la quiétude du sommeil, alors que le second (l. 6 : "c'était tout ce qu'on avait pu prendre") a une valeur dépréciative et suggère que les êtres humains sont traités comme des objets. Entre ces deux pronoms, l'auteur décrit les habitants à travers une gradation qui va de l'individuel au collectif ("chacun, quelques-uns, la plupart"), qui souligne la confusion, le désordre, la panique. Ces différents pronoms indéfinis créent également un effet d'impersonnalité. À la ligne 7, le dernier pronom, "on", renforce ce caractère impersonnel, à quoi s'ajoute une impression de violence aveugle et anonyme.

# CHAPITRE 4

# Les adverbes

**1** Normalement – artificiellement – naïvement – assidûment – confusément – sagement – impatiemment – élégamment – violemment – savamment – gentiment – poliment – amoureusement – mortellement – gaiement – brièvement – humblement – personnellement – héroïquement – graduellement.

**2** On ne peut former d'averbe en -MENT à partir des adjectifs *optimiste* et *satisfaisant*. *Originalement* est rare. Les deux formes sont possibles pour les sept autres adjectifs. On notera que *nouvellement* signifie "récemment", *originellement* = "à l'origine"; *pratiquement* peut signifier "en fait".

**3**
| | |
|---|---|
| 1. brièvement | 6. ostensiblement |
| 2. formellement | 7. pertinemment |
| 3. grièvement/gravement | 8. aveuglément |
| 4. vraiment | 9. couramment |
| 5. délibérément | 10. absolument |

**4**
1. ..., aussi est-il impératif...
2. ..., on nous a aussi escroqués.
3. ..., aussi faut-il accueillir...
4. .., aussi est-ce en pure...
5. ... affirment aussi...
6. ..., il est aussi/aussi est-il ...
7. ... N'est-ce pas aussi ...
8. ..., aussi la plupart...
9. ..., aussi sommes-nous...
10. ... le voir aussi.

**5**
1. au moins
2. pertinemment
3. parfaitement
4. je dis bien = je précise/j'insiste
5. volontiers/avec plaisir
6. également
7. je veux bien = j'accepte
8. souvent/de nombreuses fois
9. beaucoup
10. en bonne santé/en forme

**6**
1. avec justesse
2. exactement/précises
3. de justesse
4. clair
5. exactement la place nécessaire
6. à peine
7. précisément
8. par coïncidence
9. précisément
10. parfaitement

**7** (*par exemple*)

**A**
1. Il n'y eut aucune discussion, la proposition fut acceptée d'emblée.
2. Il s'est mis en colère et nous a, en outre, insultés.
3. Ce texte philosophique est déjà ardu pour les spécialistes, il l'est donc a fortiori pour un profane.
4. Mon oncle est taciturne, au demeurant il n'est pas méchant homme.
5. Cette femme nous lasse en nous parlant sans cesse de sa santé.
6. Robert m'a écrit qu'il viendrait incessamment à Paris.
7. J'ai cru que ma robe était déchirée; en fait elle n'est que décousue.
8. L'enfant grelottait de froid; en effet le thermomètre marquait trois degrés au-dessous de zéro.
9. La peinture de Léonard de Vinci, notamment *la Joconde*, me fascine.
10. N'empruntez pas la route nationale : l'inondation l'a rendue quasiment impraticable.

**B**
1. Nous avons vu clair dans son jeu : il cherchait à nous duper.
2. La cloison est mince : on entend les voisins lorsqu'ils parlent fort.
3. Le jeune homme visa juste : la fléchette se planta au centre de la cible.
4. Les négociations ont tourné court en raison de la mauvaise foi de certains participants.
5. La pluie tombant dru, nous nous sommes réfugiés sous un porche.
6. Ma fille chante aussi faux que son frère chante juste.
7. La fillette qui courait s'arrêta net en apercevant le chien.
8. L'ivrogne, incapable de marcher droit, titubait entre les voitures.
9. L'adolescent semblait prendre plaisir aux taquineries de ses camarades; en réalité, il riait jaune.
10. Ma mère nous lut tout haut la lettre tandis que nos petites sœurs parlaient tout bas.

a) *adverbes et locutions adverbiales de manière :*
sans doute (l. 3), profondément (l. 6), doucement,
à peine (l. 9), doucement (l. 10), à peine (l. 11),
simplement (l. 13), parfaitement (l. 14), sans doute
(l. 15).

b) *adverbes et locutions adverbiales de temps :*
déjà, depuis peu (l. 1), à peine (l. 3), déjà, pas encore
(l. 4), maintes fois (l. 5), longtemps (l. 11), encore
(l. 12), ensuite, encore (l. 14), aujourd'hui (l. 15),
à la fois (l. 16-17).

On notera qu'adverbes de manière et de temps sont
étroitement mêlés dans ce texte et que la distinction
entre les deux catégories est parfois incertaine :
"doucement" y prend un sens quasi temporel
(= progressivement) alors que la locution "à peine"
exprime tantôt le temps, tantôt la manière.

La lecture des deux listes d'adverbes est révélatrice :
chacun y joue un rôle, parfois insistant (plusieurs
adverbes apparaissent deux ou même trois fois), pour
contribuer à l'effet d'immersion insensible, de
glissement continu dans le monde du rêve. Le temps
s'écoule lentement ("maintes fois", "longtemps"),
sans interruption ("à peine", "pas encore", "encore",
"ensuite"), entre un passé imprécis ("déjà", "depuis
peu") et un présent qui n'en est que la suite ("encore
aujourd'hui"), pour aboutir au point où s'opère la
fusion ("à la fois") du rêve et des sensations.
L'emploi intensif et subtil de ces adverbes, somme
toute très banals, participe efficacement à la création
d'une atmosphère exceptionnelle.

# CHAPITRE 5

# La négation

**1**
1. Non, il n'en écrit jamais.
2. Non, il n'en rédige plus (jamais).
3. Non, je n'ai rien remarqué d'étrange dans...
4. Non, je n'ai relevé aucune inexactitude dans...
5. Non, on ne le trouve plus nulle part.
6. Non, on n'en a omis aucune.
7. Non, je ne la conseillerais à personne.
8. Non, il n'en manque pas.
9. Non, il ne pourrait pas en fournir beaucoup/il ne pourrait guère en fournir/il ne pourrait en fournir aucune.
10. Elle n'a suscité ni critiques ni éloges.

**2**

**A**
1. Personne n'a acquiescé.
2. Il n'a pas encore soutenu...
3. Il ne reste plus aucun spécimen de...
4. Personne n'a osé relever le défi.
5. Nous n'avons rien remarqué de curieux...
6. Il ne critique jamais personne.
7. On n'a toujours pas élucidé le mystère.
8. Il n'a jamais peint de marines ni de natures mortes/Il n'a jamais peint ni marine(s) ni nature(s) morte(s).
9. Cette bague ne vaut pas beaucoup plus de .../ne vaut guère plus de ...
10. Il n'aime pas les minéraux et il ne les collectionne pas/Il n'aime ni ne collectionne les minéraux.

**B**
1. Il n'apprécie ni la peinture ni la sculpture.
2. Je les ai quittés sans regret.
3. Il nous a abandonnés sans (aucun) scrupule.
4. Ils n'ont encore rien trouvé d'extraordinaire.
5. Je n'ai aucun intérêt à vous écouter.
6. La fin ne justifie jamais les moyens/La fin ne justifie pas toujours...
7. Il n'est respecté de personne/Il n'est pas respecté de tous.
8. Ils ne veulent jamais se mêler de rien.
9. Ils se sont enfuis sans emporter d'objets précieux/sans rien emporter de précieux.
10. Votre participation n'était vraiment pas nécessaire (= pas du tout)/... n'était pas vraiment nécessaire (= pas tout à fait).

**3**
1. Nulle part nous n'avions été...
2. On n'a rien sans peine.
3. N'avez-vous pas peur...
4. Personne, à vrai dire, ne doutait de...
5. On n'aurait (pas) su dire...
6. Ne pensez-vous pas qu'il...
7. En aucun cas il ne faudra s'éloigner...
8. Il n'y a rien qu'il ne puisse faire...
9. Les billets vendus ne seront ni remboursés ni échangés.
10. On n'ose guère leur poser de questions.

**4**
1. Jamais... ne... = à aucun moment.
2. jamais = un jour, déjà.
3. si jamais = si un jour, si par hasard...
4. plus... que jamais = très, particulièrement.
5. ne ... jamais... que = seulement.
6. sans jamais... = et (ils) ne (se sont) jamais (lassés).
7. toujours = dans tous les cas.
8. ne... pas toujours = à certains moments seulement.
9. ne... toujours pas = ne... pas encore (marque l'impatience).
10. sans toujours... = et (ils) n' (ont) pas toujours (bien compris).

**5**
1.— 2. ne 3. ne 4.— 5. n' 6. n' 7. ne 8. ne 9. n' 10.—

**6**
1. Négation (= il ne savait pas quoi dire).
2. Restriction (= il savait dire seulement non).
3. Négation (= il ne savait pas quoi dire et il ne savait pas quoi faire).
4. Négation.
5. Négation (= je ne peux pas vous croire) (= phrase 4)
6. Double négation (= je suis obligé de vous croire).
7. Négation.
8. Négation.
9. Négation.
10. Négation (même sens que la phrase 9).

**7**

**A**
1. négatif 2. explétif 3. explétif 4. négatif 5. négatif
6. négatif 7. explétif 8. négatif 9. négatif, explétif
10. négatif

**B**
1. négatif 2. négatif 3. explétif 4. explétif 5. négatif
6. explétif 7. négatif 8. négatif 9. explétif 10. négatif

## C

1. explétif 2. négatif 3. explétif 4. explétif 5. négatif
6. explétif 7. négatif 8. explétif 9. explétif 10. négatif

**8**

1. Le verbe "surgir" est régulier.
2. ... mais elle est (tout à fait) compréhensible.
3. Ton nouveau voisin m'est (plutôt) sympathique.
4. ... qui m'était connu/que je connaissais (très bien).
5. Il est possible que cette proposition soit honnête.
6. On m'approuvera certainement.
7. Tout le monde savait que l'eau de la fontaine n'était pas potable/Chacun savait que...
8. Je ferais tout pour vous.
9. Vous savez (très bien, fort bien) que...
10. Je suis sûr que vous avez reçu ma lettre/Je suis certain...

**9**

### A.

irréfléchi – mécontent – dépourvu – illisible – immoral/amoral – inaudible – maladroit – insalubre – impartial – associal.

### B.

désapprouver – décrocher – déshabiller – déménager – se méfier/se défier – décourager – disjoindre – se déchausser – démêler – dissocier.

**10**

1. Ignoriez-vous que le 1er mai était/fût...
2. Il a caché/tu la vérité/Il a menti.
3. ... de rester.
4. On interdit/on défend aux étudiants de ...
5. Il ne sait pas garder un secret.
6. Il néglige son apparence.
7. ... qui enfreignent/transgressent le règlement.
8. Le stationnement est toléré...
9. Je préfère m'abstenir de (tout) commentaire.
10. ... a choisi de garder/conserver l'anonymat.

**11**

### A

– ligne 2 : *ne ... que ...* (restriction).
– ligne 3 : adjectif *seul*.
– ligne 4 : *Rien ne...* ; *Ni..., ni... ne ...* (négations).
– ligne 5 : *ne... guère...* (négation).
– ligne 6 : verbe *disparaît* ; verbes *il est difficile*, (voire) *impossible de...*

### B

Mieux que l'image ou le discours, le livre, élément primordial de culture, nous permet de conserver, de façon vivante et durable, la mémoire des événements passés.

# les prépositions

## 1

**A**

| | |
|---|---|
| 1. qu'à | 6. de |
| 2. de | 7. de |
| 3. au | 8. à |
| 4. du | 9. des |
| 5. à | 10. aux |

**B**

| | |
|---|---|
| 1. de | 6. à |
| 2. aux | 7. des |
| 3. à | 8. à |
| 4. des | 9. du |
| 5. de | 10. à |

## 2

| | |
|---|---|
| 1. de | 6. de |
| 2. à | 7. de |
| 3. à | 8. à |
| 4. de | 9. d' |
| 5. à | 10. à |

## 3

| | |
|---|---|
| 1. de | 6. de |
| 2. à | 7. d' |
| 3. de | 8. à |
| 4. de | 9. à |
| 5. à | 10. de |

## 4

1. promettre un cadeau/d'offrir...
2. désirer une explication/obtenir...
3. s'entraîner au saut/à sauter...
4. tenter un exploit/de renouveler...
5. s'attendre à un héritage/à hériter.
6. regretter sa maladresse/d'avoir commis.
7. espérer une augmentation/être augmenté.
8. feindre l'indignation/d'être indigné.
9. refuser une autorisation/d'accorder...
10. craindre une inondation/d'être inondé.

## 5

| | |
|---|---|
| 1. dans | 6. dans |
| 2. en | 7. en |
| 3. en | 8. dans |
| 4. dans | 9. en |
| 5. en | 10. dans |

## 6

**A**

| | |
|---|---|
| 1. à | 6. aux |
| 2. dans | 7. sur |
| 3. sur | 8. aux |
| 4. dans | 9. dans |
| 5. dans | 10. sur |

**B**

| | |
|---|---|
| 1. sur | 6. sur |
| 2. à | 7. dans |
| 3. sur | 8. sur |
| 4. dans | 9. sur |
| 5. dans | 10. dans |

## 7

| | |
|---|---|
| 1. pour | 6. pour |
| 2. par | 7. par |
| 3. pour | 8. pour |
| 4. par | 9. pour |
| 5. par | 10. par |

## 8

1. à destination de
2. à la place d'/au lieu d'
3. quant à
4. au profit des/en faveur des
5. à l'égard de
6. à l'intention de
7. contre
8. afin d'/en vue d'
9. à propos de/au sujet de
10. à l'occasion de/en l'honneur de

## 9

| | |
|---|---|
| 1. dès | 6. depuis |
| 2. depuis | 7. à partir de |
| 3. dès | 8. de |
| 4. depuis | 9. à partir du/dès |
| 5. dès | 10. de |

## 10

| | |
|---|---|
| 1. en | 9. pour/à l'égard de/envers |
| 2. contre | 10. à |
| 3. contre/sur | 11. sur |
| 4. en | 12. de |
| 5. contre | 13. par |
| 6. à | 14. à |
| 7. sur | 15. à |
| 8. de | 16. pour |

17. d'
18. des

19. sur
20. envers/à l'égard de

## 11

**A**

| | |
|---|---|
| 1. sur | 6. sur |
| 2. d' | 7. de |
| 3. entre | 8. de |
| 4. à | 9. à |
| 5. sous | 10. sous |

**B**

| | |
|---|---|
| 1. d' | 6. dans... en |
| 2. de, à | 7. malgré/en dépit de, de |
| 3. de, sur | 8. à, à/dans, pour |
| 4. à, pour | 9. sans, de, à |
| 5. de, devant | 10. de, à, à |

**C**

| | |
|---|---|
| 1. à | 6. à |
| 2. en | 7. à |
| 3. sous | 8. en |
| 4. à | 9. contre |
| 5. sous | 10. en, sur/depuis/dans |

## 12

| | |
|---|---|
| 1. de | 6. d'après |
| 2. à | 7. à |
| 3. selon/d'après/de | 8. de |
| 4. pour | 9. contre |
| 5. selon/d'après | 10. au |

## 13

| | |
|---|---|
| 1. sur | 11. au |
| 2. au | 12. à |
| 3. contre | 13. d' |
| 4. de | 14. à |
| 5. de | 15. pour |
| 6. pour | 16. sur |
| 7. à | 17. aux |
| 8. à | 18. du |
| 9. à | 19. avec |
| 10. de | 20. de |

## 14

**A**

| | |
|---|---|
| 1. depuis | 6. par |
| 2. dans | 7. de |
| 3. à | 8. dans/en |
| 4. en | 9. au bout d' |
| 5. pour | 10. pendant |

**B**

| | |
|---|---|
| 1. du | 6. à |
| 2. dans | 7. pour |
| 3. au | 8. de |
| 4. en | 9. au |
| 5. par | 10. sous |

## 15

| | |
|---|---|
| 1. après | 6. au-dessus du |
| 2. d'après | 7. hors de |
| 3. à l'arrière de | 8. hormis |
| 4. derrière | 9. faute de |
| 5. par-dessus | 10. à défaut de |

## 16

| | |
|---|---|
| 1. en raison de | 11. à part |
| 2. à raison de | 12. de la part d' |
| 3. à la rencontre de | 13. entre |
| 4. à l'encontre de | 14. parmi |
| 5. au-dessous du | 15. avant |
| 6. sous | 16. devant |
| 7. en faveur des | 17. en travers de |
| 8. à la faveur du | 18. à travers |
| 9. dès | 19. vers |
| 10. depuis | 20. envers |

## 17

à, par, en, d', entre, en/de, de, de, à, sur, pendant/durant, par, sauf, à, à, dans/au cours des/pendant/durant, pour, à, à, de.

## 18

**A**

– *Prépositions* (citées par ordre de fréquence) : de (14), à (3), dans (3), par (2), sans (2), sous (2), vers, devant, entre, sur.
– *Locutions prépositives* : près de, hors de, auprès de, à travers.

**B**

– *à* : distinguer la préposition qui sert à la caractérisation — "à gros tourbillons" (l. 1), "à longs cheveux" (l. 10) — de celle qui est imposée par le verbe qui précède : "répondaient à "(l. 4), "se mettaient à" (l. 14).
N.B. La préposition *à* entre dans la composition de deux locutions adverbiales, "à droite" (l. 16), "peu à peu" (l. 17) et d'une locution prépositive, "à travers" (l. 11).
– *de* : introduit le complément d'un nom ou celui d'un verbe. Le complément du nom sert à définir — "bruissement de la vapeur" (l. 5), "remous des vagues" (l. 15), "cours de la Seine" (l. 16) — ou à préciser — le nom : "Ville-de-Montereau" (l. 1), le temps : "six heures du matin" (l. 1), l'âge : "jeune homme de 18 ans" (l. 10), la matière : "plaques de tôle" (l. 6), le constituant : "grèves de sable, trains de bois" (l. 14), le contenu : "corbeilles de linge" (l. 3). On trouve également *de* à l'intérieur de la locution figée "coup d'œil" (l. 12).
*De* introduit le complément d'un verbe à la forme active, "enveloppait de" (l. 6), ou à la forme passive, "peuplée de magasins, de chantiers, d'usines" (l. 8). Dans ce dernier cas, les compléments sont présentés comme des éléments statiques du décor, et non comme des composantes actives, comme le suggérerait l'emploi de "par" (cf. l. 14). N.B. *De* entre dans la composition des locutions : "près de"

(l. 1), "hors de" (l. 3), "auprès de" (l. 11).
— *par* : introduit le complément d'agent d'un verbe à la forme passive, "bordée par des grèves" (l. 14) : les "grèves" semblent aïnsi participer plus activement à l'animation du paysage que les "magasins, chantiers, usines" énumérés précédemment.
*par* = au travers de.., dans "s'échappant par" (l. 5).

## C

— § 1 L'auteur situe d'emblée le moment "vers 6 heures" (l. 1), qui précède une action imminente "près de partir" (l. 1), action annoncée par un élément visuel "à gros tourbillons" (l. 1), dans un lieu précis "devant le quai" (l. 2).
— § 2 Multiplicité des prépositions, qui traduit le mouvement et le désordre du départ.

— § 3 Enumération "de magasins, de chantiers, d'usines" (l. 8), éléments successifs du paysage qui défile.
— § 4-5 Les prépositions participent à l'évocation de la silhouette du jeune homme (âge, coiffure, attitude et localisation précise, l. 10-11), devant les yeux duquel, "dans un dernier coup d'œil" (l. 12), l'espace s'organise, "à travers le brouillard" (l. 11), "par des grèves" (l. 14), "dans un bateau" (l. 15), "sur la rive" (l. 17) ; espace que l'œil parcourt alternativement de la grève à la rivière et vice versa.
Ces prépositions, qui dessinent l'espace par petites touches, contribuent à donner au paysage — où la vapeur et la brume jouent par ailleurs un rôle important — un caractère qui n'est pas sans suggérer la peinture impressionniste.

# CHAPITRE 7

# Le verbe : forme, temps, aspect

## 1

### A

1. suis : v. *être*, ind. présent, 1re pers. sing./
   v. *suivre*, ind. présent, 1re ou 2e pers. sing./impératif, 2e pers. sing.
2. prends : v. *prendre*, ind. présent 1re ou 2e pers. sing./impératif, 2e pers. sing.
3. donne : v. *donner*, ind. présent, 1re ou 3e pers. sing./impératif, 2e pers. sing. /subjonctif présent, 1re ou 3e pers. sing.
4. pressent : v. *presser*, ind. présent, 3e pers. pl./subj. prés. 3e pers. pla./
   v. *pressentir*, ind. prés. 3e pers. sing.
5. verra : v. *voir*, ind. futur, 3e pers. sing.
6. enverra : v. *envoyer*, ind. futur, 3e pers. sing.
7. pourvoira : v. *pourvoir*, ind. futur, 3e pers. sing.
8. émeuve : v. *émouvoir*, subj. présent, 1re ou 3e pers. sing.
9. éprouvent : v. *éprouver*, ind. présent, 3e pers. pl./subj. présent, 3e pers. pl.
10. adhèrent : v. *adhérer*, ind. présent. 3e pers. pl./subj. présent, 3e pers. pl.

### B

1. fis : 1re ou 2e pers. sing. passé simple de *faire*.
   fus : 1re ou 2e pers. sing. passé simple de *être*.
2. fumes : 1re pers. sing. ind. pr. ou subj. présent de *fumer*
   fûmes : 1re pers. pl. p. simple de *être*.
3. dîmes : 1re pers. pl. p. simple de *dire*.
   dûmes : 1re pers. pl. p. simple de *devoir*.
4. dirent : 3e pers. pl. p. simple de *dire*.
   durent : 3e pers. pl. p. simple de *devoir*/3e pers. pl. ind. présent ou subj. présent de *durer*.
5. sera : 3e pers. sing. futur d'*être*.
   serra : 3e pers. sing. p. simple de *serrer*.
6. voyons : 1re pers. pl. ind. présent ou impératif de *voir*.
   voyions : 1re pers. pl. ind. imparfait ou subj. présent de *voir*.
7. virent : 3e pers. pl. p. simple de voir/ind. présent de *virer*.
   virèrent : 3e pers. pl. p. simple de *virer*.

8. paressait : 3e pers. sing. ind. imparfait de *paresser*.
   paraissait : 3e pers. sing. ind. imparfait de *paraître*.
9. s'agitait : 3e pers. sing. ind. imparfait de *s'agiter*.
   s'agissait : 3e pers. sing. ind. imparfait de *s'agir*.
10. tende : 1re ou 3e pers. subj. présent de *tendre*.
    tente : 1re ou 3e pers. ind. présent ou subj. présent /2e pers. sing. impératif de *tenter*.

### C

(*par exemple*)
1. Elle élève ses enfants. Cet élève est agité.
2. Je sens qu'il fait froid. Cette rue est à sens unique.
3. Le train dessert ce village. Je mange des fruits au dessert.
4. J'ai vu un accident en passant dans la rue. Les passants marchaient vite.
5. On subit les inconvénients de la pollution dans les métropoles. Il y a eu un orage subit.
6. Le clown fait rire les enfants. Elle avait un rire cristallin.
7. Le sol était couvert de feuilles mortes. Dépêche-toi de mettre le couvert, on va dîner !
8. Pouvoir se reposer, c'est essentiel. Le président a beaucoup de pouvoir.
9. Pierre écrit souvent à sa mère. j'ai lu les derniers écrits de ce philosophe.
10. Il maîtrise parfaitement deux langues étrangères. L'Angleterre a longtemps eu la maîtrise des mers.

## 2

| | |
|---|---|
| 1. ont versé, doit | 6. ignorent |
| 2. souhaite | 7. s'interroge |
| 3. sont signées | 8. ont été endommagées |
| 4. a envahi | 9. n'a accepté |
| 5. s'est répandue | 10. a traversé |

## 3

| | |
|---|---|
| 1. a descendu | 6. ont passé |
| 2. est descendu | 7. sont passés |
| 3. a monté | 8. ont passé |
| 4. sont montés | 9. a sorti |
| 5. ont monté | 10. sommes entrés |

## 4

| | |
|---|---|
| 1. a éclaté | 6. sont finis |
| 2. a commencé | 7. ont fini |
| 3. a commencé | 8. est finie |
| 4. est commencée | 9. a paru |
| 5. a fini | 10. n'est pas encore paru |

**5**

1. sont intervenus
2. est parvenu
3. est survenue
4. a prévenus
5. est devenu
6. a subvenu
7. a convenu
8. sommes convenus/avons convenu
9. ai demeuré
10. est demeuré

**6**

1. La collection d'automne sera présentée par un nouveau mannequin.
2. Dans cette région, la culture de la vigne a été supplantée par celle du colza.
3. La toiture de la grange aurait été endommagée par la foudre.
4. L'adolescente avait été molestée par des voyous.
5. Plusieurs tombes ont récemment été profanées dans ce cimetière.
6. Une roue de char celte a été mise au jour par des archéologues.
7. Cette citadelle a été édifiée au XIIᵉ siècle par les croisés.
8. La flèche de la cathédrale a été détruite par un bombardement.
9. Les jardins de Versailles ont été dessinés par Le Nôtre.
10. En France, le président de la République est élu au suffrage universel direct.

**B**

1. Je suis accablé de soucis.
2. La roulotte était tirée par une vieille jument.
3. Les techniques chirurgicales ont été bouleversées par l'invention du laser.
4. La façade de l'auberge était décorée de peintures naïves.
5. L'esplanade du château était encombrée par des dizaines de véhicules.
6. Les pouvoirs publics sont préoccupés par la recrudescence des agressions.
7. L'institutrice était adorée de ses élèves.
8. Les fresques de la crypte ont été détériorées par l'humidité.
9. La remise de décorations sera suivie d'un vin d'honneur.
10. Ce calvaire breton est connu de bien des estivants.

**7**

1. C'est toujours le plus faible qui est attaqué.
2. J'aimerais mieux que ma femme soit opérée par le Docteur X.
3. Il a dû être averti de l'approche des policiers par ses complices.
4. Il est absurde que toute une émission ait été consacrée à ce sujet.
5. Le tableau a été lacéré par un déséquilibré.

6. L'immeuble aurait pu être soufflé par l'explosion.
7. Pour commencer les travaux, nous attendons que l'autorisation d'abattre la cloison nous soit accordée.
8. Il est fréquent que notre cave soit inondée par la pluie.
9. Il est étonnant que le coup de feu n'ait été entendu de/par personne.
10. La plantation a été dévastée par la tornade.

**8**

1. Cette sauce s'appelle une béchamel.
2. Cet apéritif se boit glacé.
3. Cette liqueur s'obtient grâce à un savant mélange de plantes.
4. Votre numéro de téléphone se retient facilement.
5. Cette étoffe peut se laver sans risque.
6. Cette expression ne s'emploie guère de nos jours.
7. Les mauvais souvenirs s'oublient plus vite que les bons.
8. Une telle désinvolture ne s'est jamais vue.
9. Cette variété de fleurs ne se rencontre que sous les tropiques.
10. En France, les timbres s'achètent dans les bureaux de tabac.

**9**

1. La Bastille a été prise le 14 juillet 1789.
2. (*transformation impossible*)
3. Ce château ne se visite que le dimanche.
4. Cet immeuble est si vétuste qu'il a dû être évacué.
5. (*transformation impossible*).
6. Le bordeaux se boit à la température de 18° environ.
7. L'abolition de la peine de mort a été votée en 1981.
8. Le "l" de fusil ne se prononce pas.
9. (*transformation impossible*)
10. Il nous a été conseillé de nous tenir prêts à toute éventualité.

**10**

1. Elle s'est fait opérer la semaine dernière.
2. Ils se sont vu interdire l'entrée de la salle par des contrôleurs trop zélés.
3. Elles se sont laissé surprendre par l'orage.
4. Il s'est fait traiter de tous les noms.
5. Il s'est vu condamner à la réclusion criminelle à perpétuité.
6. Ils se sont laissé insulter sans réagir.
7. Je me suis laissé dire que vous envisageriez de vendre votre propriété.
8. Il s'est fait vigoureusement sermonner par son professeur.
9. Il s'est entendu/fait reprocher son indélicatesse.
10. Elle s'est entendu appeler par son nom de jeune fille.

**11**

1. Il se fit soudain un grand silence.
2. Il manquait plusieurs élèves hier matin.
3. Il était resté quelques petits fours sur un plateau.
4. Il émanait un parfum subtil de ce flacon.
5. Il se dégageait du brasier une odeur âcre.
6. Il s'est formé une mince couche de verglas au petit matin.

7. Il était tombé 30 centimètres de neige depuis la veille.
8. Il est survenu un regrettable malentendu entre nous.
9. Il s'est créé une association pour la sauvegarde de la chapelle.
10. Il existe encore certaines traditions étranges dans cette région reculée.

---

**12** 1. vas tomber 2. revenons/allons revenir 3. se sera encore trompé 4. n'oublierez pas 5. doit venir 6. ne reculerait pas 7. aura séché 8. sera réhabilitée 9. aura doublé 10. aurons connu

---

**13** 1. ai bien déjeuné 2. avais bien déjeuné 3. se sera apaisée/s'apaisera 4. n'était toujours pas levé 5. n'a pas encore terminé 6. étais, descendis/ai descendu ; était déjà passé 7. aurons déjà dîné 8. aurait complètement terminé 9. n'ayez pas pu 10. était fermé, serait rétablie, aurait dégagé

---

**14** 1. action qui va se faire
2. action qui va se faire (dans le passé)
3, 4, 5. action sur le point de se faire (dans le passé)
6,7. action sur le point de se faire
8. action qui commence (dans le passé)
9 à 18. action en train de se faire
19. action qui vient de se faire
20. action qui vient de se faire (dans le passé)

---

**15** **A**

1. futur du passé – 2. cond., hypothèse – 3. cond., hypothèse – 4. cond., suggestion – 5. cond. passé, probabilité – 6. cond., hypothèse – 7. cond., désir – 8. cond., regret – 9. cond. passé, regret – 10. futur antérieur du passé.

**B**

1. cond. passé, hypothèse – 2. cond. passé, regret – 3. futur du passé – 4. cond., politesse – 5. cond., hypothèse – 6. cond. passé, hypothèse – 7. futur antérieur du passé – 8. cond., expression du sentiment, indignation – 9. cond., hypothèse – 10. cond., hypothèse

---

**16** 1. Ils avaient été obligés de ...
2. Il aurait fallu que vous me consultiez ...
3. Nous avions prévu de ...
4. Il a probablement oublié ...
5. Il semble que la température ne dépasse pas 15°.
6. Il est mort quelques heures plus tard.
7. Je vous ai prêté 500 francs et vous ne me les avez pas rendus/Vous avez une dette de 500 F.
8. Voulez-vous bien nous résumer ...
9. Vous auriez dû tenir compte ... (reproche)
10. Il avait probablement une cinquantaine d'années.
11. Me donnez-vous la permission de me retirer ?
12. Il te sera facile de l'emporter.
13. Il est possible qu'on vous demande ...

14. comment a-t-il osé ...
15. J'aimerais être mieux informé ...
16. Etes-vous capable de lire ...
17. Je ne trouve pas de mots pour vous dire ...
18. Ils savaient qu'ils étaient coupables.
19. Il faut être capable de se taire.
20. On l'ignore.

---

**17** 1. partirent, marchèrent, se trouvait
2. virent, dressait. pressèrent, s'arrêtèrent
3. lisait. entendit, éteignit, se déplaça, attendit, vit, se faufilait
4. arriva, parvint, démarrait (démarra), courut, réussit.
5. allumèrent, restèrent, dansaient
6. souleva, dissimulait, se trouvait, s'amoncelaient
7. tournait, sortait, aboyaient, criaient, claquaient, crépitait
8. déboucha, suivit, comprit, fallait, se mit-elle, baignait (baigna), défilaient (défilèrent)
9. prit, traînait, se plongea, gagnait
10. ajusta, enfila, plongea, avança, évoluaient, s'écartaient

---

**18** battait, étaient installés, c'était, resteraient, avait disposé, trônait, semblait, hésita/a hésité, entra/est entré, s'arrêta/s'est arrêté.

---

**19** pénétrèrent/ont pénétré, dominent/dominaient, avait, on venait d'achever, chatoyaient, illumina/a illuminé, déposa/a déposé, contemplaient/ contemplèrent, a peine/avait peine, l'a jamais vue/avait jamais vue.

---

**20** regarda/a regardé, déclara/a déclaré, était, monta/est montée, avait/avait eu, redescendit/est redescendue, s'éloigna/s'est éloignée, se retourna/s'est retournée, vit/a vu, pressa/a pressé, se cacha/s'est cachée, était, surgit/a surgi, jeta/a jeté, se rendait, perçut/a perçu, arrivait/était déjà arrivé, se pencha/s'est penchée, sursauta/a sursauté, distingua/a distingué.

---

**21** se réveilla/s'est réveillé, avait, avait été, regarda/a regardé, marquaient, n'entendait rien, dormait, n'était pas même brisé, éclaira/a éclairé, étreignait, se leva/s'est levé, but/a bu, fit/a fait, retrouva/a retrouvé/retrouvait, se demanda/s'est demandé/se demandait, pourrait/allait pouvoir, resta/est resté, vint/est venu, eut repris/a eu repris, il regagna/a regagné.

---

**22** jeta/a jeté, avait entendu/entendait, passait, aperçut/a aperçu, épiaient, étaient, se ressemblaient, restaient/restèrent/sont restés, eût découverts/ait découverts, adressa/a adressé, demanda/a demandé, faisaient, répondit/répondirent/a (ou) ont répondu, insistait, bafouilla/a bafouillé, montrait, comprît/eût compris/comprenne/aît compris, avaient lancé, avaient déjà franchi, escaladait/avait escaladé.

tombait/était tombée, s'était arrêtée, étaient, se dit, fallait, décida, fut fait, se réunirent, se dirigeraient/allaient se diriger, eurent examiné, surgissent, émettent, proposa, escaladeraient/allaient escalader, attirent, flâneraient/allaient flâner, adopta, sonnaient, se mit, décidèrent/avaient décidé, était, devaient/devraient, éviterait/évita, roulaient/roulèrent, atteignirent, parvinrent-ils/furent-ils parvenus/étaient-ils parvenus, furent obligés, étaient tombées, avaient rendu/rendaient, étaient devenus, pût, fallait, séchât/eût séché, laissât/eût laissé, ne permettait pas, se rabattirent, se souvint/se souvenait, avaient emmené, arrivèrent, était fermée.

(*si on emploie le passé simple*)

**A**

se souvient, avait été détruit, rouvrit, eut ravagé/ravagea, datait, éprouvèrent, décida, devait/devrait, fallait, ne disposait pas, promit/avait promis, pourraient/pouvaient, ouvrit, eut-elle été lancée/avait-elle été lancée/fut-elle lancée, parvinrent/parvenaient, permit, rivalisaient/rivalisèrent, vint, consulta, retrouvât

**B**

durèrent, se trouva, s'étaient dispersés, se rassemblèrent, convint/était convenu, ouvrirait/allait ouvrir, tombait, souhaitait/avait souhaité, revêtît, s'assura-t-on/s'était-on assuré, renoncèrent/avaient renoncé, avaient débuté, promit/avait promis, dirigerait, fut, se montra, atteignit, éclatèrent, se prolongèrent, se relevait

(*si on emploie le passé composé*)

**A**

... a rouvert, a eu ravagé, ... ont éprouvé, a décidé, ... a promis/avait promis, a ouvert, avait-elle été lancée/a-t-elle été lancée, sont parvenus, a permis, ont rivalisé, est venu, a consulté, retrouve

**B**

ont duré, s'est trouvé, s'étaient dispersés, se sont rassemblés, est convenu/était convenu, ... souhaitait, revête, s'était-on assuré/s'est-on assuré, ont renoncé/avaient renoncé, a/avait promis, ... a été, s'est montré, a atteint, ont éclaté, se sont prolongés, se relevait.

  **1.**

| | |
|---|---|
| trouve | : indicatif présent |
| ont oublié | : ind. passé composé |
| étaient habillés | : ind. imparfait passif |
| ignorent | : ind. présent |
| seront | : ind. futur |
| saurait | : conditionnel présent |
| coûte | : ind. présent |
| me servirait | : cond. présent |

| | |
|---|---|
| viendrait | : cond. présent |
| eusses reçu | : subjonctif plus-que-parfait |
| serait changé | : cond. présent passif |
| quitte, revient | : ind. présent |
| s'y était oubliée | : ind. plus-que-parfait |
| méconnaît | : ind. présent |
| est peinte | : ind. présent passif |
| paraît, s'imagine | : ind. présent |
| est représentée | : ind. présent passif |
| a voulu | : ind. p. composé |
| montent, fait | : ind. présent |
| a été | : ind. p. composé |
| mettait, c'étaient | : ind. imparfait |
| occupait, faisait | : ind. imparfait |
| tenait | : ind. imparfait |
| pourrait | : cond. présent |
| ont été obligés | : ind. p. composé passif |
| exigeaient | : ind. imparfait |
| ont été asservies | : ind. p. composé passif |
| voit, disparaissent | : ind. présent |
| avaient | : ind. imparfait |
| est question | : ind. présent |
| disent | : subj. présent |
| se trouvent | : ind. présent |
| est, changent | : ind. présent |
| pourrait | : cond. présent |
| avait entrepris | : ind. plus-que-parfait |
| imprime, est, donne | : ind. présent |

**2.**

Le sentiment de rapidité du texte est donné par le grand nombre des verbes au présent : 20 verbes sur 44.
Le texte contient d'autre part les temps suivants :
– 16 temps du passé : imparfait (9), p. composé (5), plus-que-parfait (2).
– 6 conditionnels + 1 subj. plus-que-parfait à valeur de cond. passé.
– 1 futur.
Tous ces temps contribuent à créer un mouvement de va-et-vient du présent au futur, du présent au passé, de l'hypothétique au réel.
Exemple : la 2e phrase du texte qui présente les temps majeurs de l'indicatif et joue ainsi sur l'antériorité, l'actualité et le futur.

**3.**

| | |
|---|---|
| ligne 2 | : cet été, cet hiver |
| ligne 3 | : à la mode |
| lignes 5 et 6 | : avant que tu eusses reçu |
| ligne 7 | : six mois |
| ligne 8 | : trente ans |
| ligne 11 | : quelquefois, tout à coup |
| ligne 12 | : il a été un temps |
| ligne 13 | : dans un autre |
| ligne 14 | : souvent |
| ligne 15 | : ce changement |
| ligne 16 | : ces caprices, quelquefois, |
| ligne 17 | : le lendemain, disparaissent, autrefois |

ligne 18 : aujourd'hui, changeante
ligne 19 : autrement faites
ligne 20 : des modes, changent
ligne 21 : l'âge de leur roi.

## 26

Le texte est une projection dans le futur.
A partir d'une réalité exprimée à l'indicatif :
... je faisais mon service militaire... (l. 1)
... je convins ... (l. 3)
... j'eus pris ... (l. 3)
... je me sentis ... (l. 4)
le narrateur envisage les conséquences d'un mariage hypothétique.
Sur les cinq verbes au conditionnel du texte, un exprime l'irréalité, l'hypothèse pure : "... ne s'y serait opposé" (l. 3), et quatre, le futur dans le passé (style indirect libre) :
... me faudrait choisir ... (l. 4)
... qui me serait liée ... (l. 5)
... je devrais ... (l. 6),
je ne serais ... (l. 8)
La phrase entre tirets (lignes 7 - 8) constitue un retour au réel ; l'indicatif est employé : "... elle constituait une sphère où je pouvais échapper à l'emprise de Kay".

## 27

**1.**
(l.1) est entrée : état résultant d'une action
(l. 3) s'est retournée : résultat de l'action
(l. 5) a rappelé : action
(l. 6) s'est contentée : action

**2.**
Absence de subjonctif, ce qui maintient le lecteur dans la réalité.
Absence de passé simple, ce qui maintient le lecteur dans l'actualité, la réalité présente, observée.

**3.**
Le texte nous montre la saisie d'un moment de la réalité. Il produit une impression de mouvement arrêté, figé. C'est une sorte d'"instantané", c'est un texte "blanc", neutre, désincarné.

# CHAPITRE 8

# Participe, gérondif, infinitif

## 1

### A

1. sont tombées, ont détrempé 2. avons rapportés, ont plu 3. a créée 4. avons été largement récompensés, avons fournis 5. est-elle venue 6. est décédée 7. ont été dérobés, a retrouvé 8. ont engloutis 9. a lus 10. a recueilli, les a traduits et publiés

### B

1. ont accumulées 2. avez montrée, a forcé 3. a-t-il composées 4. a rencontré 5. est tombé 6. ont connue 7. a toujours répandues 8. est monté, est descendu 9. a consentis 10. avons consenti

## 2

### A

1. avait escomptés 2. avons-nous formés, avons pu 3. n'avons-nous pas déployés 4. avait démantelés 5. a été présentée, avait découverte 6. a fallu 7. avons cueilli, avons fait 8. ai laissé 9. est arrivé 10. avait pensé

### B

1. a su 2. a fait, a nui 3. avait vu 4. avait fait 5. a laissé 6. avons entendue 7. avons entendu(s) 8. avez-vous entendus, avez-vous assisté 9. ont-ils peint/ont peint 10. a passées, ont valu

## 3

### A

1. se sont adressés 2. se sont adressées 3. se sont adressé 4. se sont lancés 5. se sont lancé 6. s'est piquée 7. s'est piqué 8. s'est piquée 9. se sont dissimulés 10. s'est dissimulé

### B

1. s'est servie 2. s'est servi 3. s'est servie 4. s'est frottée 5. se sont frotté 6. se sont prêté 7. se sont prêtés 8. s'est posée 9. nous sommes posé 10. s'est posée

## 4

### A

1. s'est écoulée 2. se sont tues 3. se sont émus 4. se sont ressemblé beaucoup, se sont beaucoup ressemblé 5. se sont souri 6. ne s'est guère souciée 7. s'est souvenue 8. s'est habituée 9. se sont succédé 10. s'est rendu compte

### B

1. s'est plainte 2. se sont envolés 3. s'est empressée 4. ne se sont pas méfiés 5. s'est écroulée 6. se sont réfugiées 7. s'est-elle écriée 8. s'est ruée 9. se sont éteintes 10. s'est dissipée

## 5

se sont aperçus..., se sont approchés..., se sont dit..., se sont parlé..., se sont inquiétés..., se sont promenés..., se sont arrêtés..., se sont aperçus..., se sont salués..., se sont quittés

## 6

s'est rendu compte ..., ne s'était guère doutée ..., s'était demandé ..., s'est avancée ..., s'est dirigée ..., ne s'était pas trompée ..., s'y est installée ..., s'est adossée..., se sont jeté ..., se sont souri, se sont ébranlés ..., se sont évanouies ..., s'est mise ..., se sont succédé ..., s'est intéressée ..., s'est lassée ..., s'est souvenue ..., s'était achetées ..., s'est haussée ..., s'est plongée

## 7

1. débouchée 2. ayant appartenu 3. appartenant 4. ayant bien mangé et bien bu 5. étant limités 6. se saisissant, s'étant saisi 7. déçu 8. ayant obtenu 9. tirant 10. n'ayant pas répondu

## 8

1. obéissants 2. obéissant 3. étouffante 4. étouffant 5. suffocante 6. suffoquant 7. fatigant 8. fatiguant 9. différant 10. différentes

## 9

1. en suivant 2. se ravisant 3. en tâtonnant 4. en voulant 5. aidant 6. en gémissant 7. en fouinant 8. photographiant 9. approchant 10. en faisant

## 10

1. en forgeant 2. à mettre au point 3. en jouant 4. en poussant 5. poursuivant 6. à écrire 7. en travaillant 8. à explorer 9. s'estimant 10. par étudier

## 11

1. ... les manifestants défiler/défiler les manifestants 2. ... le corps tomber/tomber le corps 3. ... à construire le parc d'attractions 4. ... de projeter des diapositives 5. ... de rédiger le procès-verbal 6. ... d'acquérir un ordinateur... 7. ... de réduire les impôts. 8. ... à mettre en place l'Office... 9. ... les insectes bourdonner/bourdonner les insectes 10. ... d'avoir menti

**12**

1. Deux infinitifs à valeur de substantifs : le premier "partir" sujet, le second "mourir" attribut. Emploi fréquent dans les adages, les proverbes
2. Infinitif complément d'objet dans une proposition infinitive après le verbe "laisser"
3. *Infinitif* employé pour donner une consigne
4. Infinitif exclamatif qui traduit ici une protestation Infinitif complément d'objet direct du verbe "vouloir"
5. Infinitif à valeur hypothétique, correspond à : "Si on en jugeait" ...
6. Infinitif à valeur impérative employé sur les panneaux de signalisation
7. Infinitif exclamatif qui traduit ici l'étonnement. "Et dire que ...", locution figée marquant étonnement et déception
8. Infinitif après un mot interrogatif, correspond à : "Où pourrait-on trouver ?"
Infinitif qui suit la préposition "à moins de".
9. Infinitif complément du nom "façon"
10. Trois infinitifs substantifs apposés ; cela correspond à : "je désirais dormir"

**13**

Tous les infinitifs sont prescriptifs. Ils indiquent comment il faut procéder. Ce procédé est usuel dans les recettes ou les modes d'emploi. On notera que les pronoms personnels se placent devant l'infinitif.

**14**

1. avec cette lettre/incluse dans cette lettre
2. tout en marchant/pendant le trajet
3. si l'occasion se présente/à l'occasion
4. compris
5. même les dimanches et les jours de fête/les dimanches et jours de fête inclus
6. sauf/hormis
7. en raison des circonstances
8. sur-le-champ, en interrompant toutes ses activités
9. en agissant ainsi
10. l'attestant/le prouvant

**15**

(*par exemple*)
1. A vrai dire, je ne sais plus pourquoi nous nous sommes querellés.
2. Il a peu d'amis, il ne fréquente, pour ainsi dire, personne.
3. Nous avons beaucoup travaillé sur ce projet. Cela dit, toutes les difficultés ne sont pas encore résolues.

4. Après un long préambule, il arriva enfin au sujet proprement dit.
5. Elle a décliné notre invitation, elle avait, soi-disant, des engagements antérieurs.
6. Tout compte fait, vous avez eu raison d'agir sans tenir compte de nos conseils.
7. Réflexion faite, je prendrai du bordeaux plutôt que du bourgogne pour accompagner mon repas.
8. Tout bien réfléchi, nous remettrons ce voyage à l'année prochaine.
9. Le voleur a pu subtiliser le portefeuille à l'insu du voyageur.
10. Le joueur de tennis irascible a menacé et insulté l'arbitre au vu et au su de tous.

**16**

**A**

On peut relever dans ce texte : 1 participe présent : "provoquant" (l. 2) ; 4 adjectifs verbaux : "pantelant" (l. 1) "piquant" (l. 8), "saisissant" (l. 13), "effrayante" (l. 15) ; 4 participes passés à valeur d'adjectif : "tuméfiée" (l. 4), "irisées", "durcie", "pétrifiée" (l. 19) ; 17 participes passés : "étendu" (l. 1), "fiché" (l. 3), "enfoncée" (l. 4), "plantée" (l. 8), "comprimée, resserrée" "réduit" (l. 12), "figée" (l. 13), "barrée, écoulé" (l. 14), "gaspillée, finie" (l. 15), "accentuées, condensées, tirées" (l. 16), "renouvelé" (l. 18), "dénudés" (l. 19) ; 19 adjectifs qualificatifs : "sourds, étrangers, solide, dur", etc.

**B**

Cette abondance de participes passés, d'adjectifs verbaux, d'adjectifs révèle bien le caractère purement descriptif du passage. Dans un tableau figé, achevé, tous ces termes contribuent à donner à des éléments abstraits (malaise, douleur, image de la vie), une réalité concrète, avec une volonté de précision qui va jusqu'à la synonymie, jusqu'à la redondance ("comprimée, resserrée" ; "gaspillée... finie..." ; "durcie, pétrifiée", etc.).

**17**

Les infinitifs de ce passage, plus particulièrement de la ligne 1 à la ligne 8, et de la ligne 16 à la fin, définissent un programme politique. Ce programme tire sa force de conviction de cette énumération martelée d'infinitifs et de leur valeur prescriptive.

# CHAPITRE 9

# La proposition subordonnée relative

**1**
1. ... qualité *qui* enchantera...
2. ... cousins *que* je ne connaissais pas étaient venus...
3. ... plongée *dont* je n'ai plus ...
4. ... village *où* elle avait ...
5. ... homme *à qui/auquel* il devait...
6. ... un jour d'automne *où* il pleuvait.
7. ... anglais *que* l'antiquaire datait...
8. ... belvédère *d'où/duquel* vous...
9. ... cueilli en passant une fleur *qu'*elle glissa ...
10. ... filles *dont* l'une ...

**2**
1. ... amis *à qui/auxquels* j'ai parlé de vous.
2. ... amis *dont/de qui* je vous ai souvent parlé.
3. ... piano *dont* le premier ...
4. ... sa loupe *sans laquelle* il ...
5. ... congrès *auquel* j'ai ...
6. ... torche *à la lueur de laquelle* ils ...
7. ... fleuve *sur les bords duquel* poussaient ...
8. ... osier *au fond de laquelle* elles aperçurent une robe...
9. ... falaises *au pied desquelles* de hautes...
10. ... particulier *dont* on lui ...

**3**
1. dont – 2. qui – 3. que – 4. où – 5. dont –
6. selon/suivant lequel – 7. auquel – 8. par laquelle –
9. en qui – 10. à quoi.

**4**
1. qui – 2. auquel – 3. auprès de qui/laquelle/chez qui/laquelle – 4. qui – 5. dont – 6. selon/suivant laquelle – 7. à quoi – 8. dont – 9. à laquelle – 10. que

**5**
1. où, qui – 2. à qui, dont – 3. qui, dont – 4. qu', auxquels – 5. auxquelles, qui – 6. à quoi/vers quoi, pour quoi – 7. dont, auxquelles – 8. qui, qu' – 9. à quoi, que – 10. que, dont.

**6**
1. sur lequel – 2. dont – 3. que – 4. sur lequel –
5. dont – 6. dont – 7. dont – 8. qu' – 9. dont – 10. dont

**7**
1. dont – 2. dont – 3. qui – 4. dont – 5. que – 6. chez qui/lequel – 7. auxquels – 8. qu', dont – 9. pour lesquelles – 10. qu', selon lequel.

**8**
1. Tout ce qui – 2. tout ce qu' – 3. tous ceux qui –
4. tout ce à quoi – 5. tous ceux que – 6. tout ce dont –
7. tout ce contre quoi – 8. tout ce qu' – 9. tous ceux dont – 10. tous ceux et toutes celles qui.

**9**
1. qui le – 2. qu'il – 3. qu'il – 4. qui l' – 5. qui il –
6. qu'il – 7. qu'il – 8. qui l' – 9. qui l' – 10. qu'il, qui l'/qui l', qu'il.

**10**
1. ... n'éclate, ce qui ne saurait...
2. ... moment, ce que nous n'avions pas prévu.
3. ... Dreyfus, ce à quoi il consentit...
4. ... échoué, ce dont nous nous sommes...
5. ... fumer, ce qui était...
6. ... avocat, ce par quoi il aurait...
7. ... m'aidiez, sans quoi je serai...
8. ... l'incident, ce dont je ne me...
9. ... aisé, après quoi ils durent...
10. ... l'avance, grâce à quoi il put...

**11** *N.B. On met une virgule devant une proposition relative de type explicatif, qu'on distingue ainsi des relatives de type déterminatif. Les phrases 6-7-8 admettent les deux possibilités.*
1. J'ai vu les deux versions du film, qui ne se valent d'ailleurs pas.
2. Les enfants dont s'occupe ma sœur ont de quatre à sept ans.
3. Un obstacle, que rien n'avait laissé prévoir, surgit soudain.
4. Un visiteur, que personne ne connaissait, fut introduit.
5. Ce jour-là, mon grand-père, que rien ne mettait jamais en colère, s'emporta violemment.
6. On autorisa les enfants (,) que le repas ennuyait (,) à quitter la table.
7. C'est un camarade d'école (,) que j'ai perdu de vue depuis longtemps (,) qui m'a appris à jouer aux échecs.
8. Les spectateurs (,) que la chaleur incommodait (,) toussaient bruyamment.
9. Les spectateurs qui étaient au deuxième balcon n'ont pu profiter pleinement de la mise en scène.
10. Le public, qui n'avait cessé de rire durant tout le spectacle, a applaudi le fantaisiste pendant de longues minutes.

**12**
1. m'abstiendrais
2. entraîne/a entraînés
3. organisons/organiserons/avons organisé
4. partent/partaient

5. tranchaient
6. repeindrai/repeindrais/ai repeintes
7. consente/consentirais/consens/consentirai
8. connaissez... pouvez/pourrez/pourriez/auriez pu
9. émeuve
10. joignît/joigne/joindrait

## 13
1. ne soit/n'est pas certain
2. se dise
3. soit/est ouvert
4. j'entreprends/j'entreprendrai
5. fût/soit
6. a obtenu
7. ait jamais élu
8. a été élu
9. avez averti/avertissez
10. m'ayez averti

## 14
1. ne connaisse/connaît pas
2. réponde
3. vaille
4. ne veut pas
5. jouisse
6. jouissait
7. ait été faite
8. soit/ait été
9. détienne/détient
10. s'aventurerait

## 15
1. prévienne/préviendra
2. prévenait/a prévenu
3. a composés
4. ait survécu/a survécu
5. guérisse/guérirait
6. soient
7. plaise/plaît
8. traduise/traduirait
9. a scandalisé/scandalisa
10. fût/soit/était

## 16
1. sache/savais
2. nous abriter
3. franchirait
4. aurait effrayé/a effrayé
5. me confier
6. sache
7. sait
8. vende
9. vend
10. vous consacrer

## 17
(*par exemple*)
1. ... qui s'est éteinte aussitôt.
2. ... d'où l'on découvrait un vaste panorama.
3. ... dont faisait preuve son interlocuteur.
4. ... sur lequel la jeune femme s'adressait à lui.
5. ... que la pâtissière était en train de disposer.
6. ... à laquelle je ne m'attendais guère.
7. ... avec laquelle les deux hommes s'étaient empoignés.

8. ... où la porte s'ouvrit.
9. ... qui remette en marche cette pendule ancienne.
10. ... qu'il soutenait sans faiblir.

## 18
1. ... amie changeante/versatile.
2. ... les témoins.
3. ... homme silencieux/taciturne.
4. ... examiné son contenu.
5. ... œuvre posthume.
6. Précisez la pensée de l'auteur/le contenu de ce passage/la teneur de ce...
7. Expliquez la signification/le sens de ce texte.
8. ... femme emportée/coléreuse/irascible.
9. ... phrase ambiguë/équivoque.
10. ... gens sur leurs actes plutôt que sur leurs dires/paroles.

## 19
A
1. irrésistible
2. inadmissible/inacceptable
3. compréhensifs
4. impitoyable
5. incorruptible
6. répréhensible/blâmable/condamnable
6. inflexible
8. susceptible
9. désœuvré/oisif/inoccupé
10. incurable/inguérissable

B
1. potable
2. comestible
3. accessible
4. contigus
5. désuète/archaïque/vieillie/obsolète
6. incroyable/invraisemblable
7. périmé
8. insoluble
9. illégale
10. inextinguible

## 20
A
1. les affaires dont (l. 2)
2. ma malle d'où (l. 3)
3. celles qui (l. 3)
4. une moitié... que (l. 6)
5. les flots qui (l. 7)
6. la serviette ... où ... et avec laquelle (l. 8-9)
7. ses vagues..., lesquelles (l. 11)
8. leurs pentes auxquelles (l. 13)

B
Les moindres objets de la toilette (affaires, malle, serviette) sont ainsi précisés, prolongés, magnifiés (notamment "la serviette" par sa double extension : "où... et avec laquelle..."). Le même procédé sert à inscrire le paysage dans un cadre ("moitié que délimitait..."), à l'animer ("flots qui s'élançaient...")

et à développer la grandiose métaphore finale : les constituants de la réalité se métamorphosent de proche en proche pour passer du liquide au solide et de l'inanimé jusqu'à l'humain ("vagues", "pentes", "sourire").

On notera que, dans la dernière phrase, l'élargissement du rythme a pour conséquence l'éloignement du pronom relatif de son antécédent. Mais l'auteur, en utilisant le pronom "lesquelles", de préférence à "qui", écarte tout risque d'ambiguïté.

**21** Les propositions relatives introduisent des verbes descriptifs ("sont piquées", "sont peintes"), de mouvement ("diminue", "disparaissent") ; l'une d'elle permet une évocation rapide du passé ("dominaient").

La suppression de ces propositions relatives appauvrirait considérablement cette description, qui aurait un caractère purement statique et perdrait de son pittoresque.

# CHAPITRE 10

# La proposition subordonnée complétive

**1**
1. avez/aviez raison/avez eu raison
2. ayez/avez raison
3. éclaircisse
4. obtiendrez
5. êtes intervenu(s)/intervenue (s)
6. soyez intervenu(s)/intervenue (s)
7. parviendrait
8. parvînt/parvienne/parviendrait
9. se rétablira
10. se rétablisse

**2**
1. était
2. n'avait pas trempé/ne tremperait pas
3. était décédé
4. aurait lieu
5. était/avait été faussé
6. remporterait
7. seraient consentis
8. l'avez/l'aviez bien cherché
9. est/sera
10. était maintenant écarté

**3**
1. fasse
2. entreprenne
3. soit mis fin
4. restât/reste
5. s'inscrivît/s'inscrive
6. envahît/envahisse
7. fassiez
8. reçoivent
9. communique
10. preniez

**4**
1. plaisent/aient plu
2. prenne/ait pris
3. n'ayez pas cru bon
4. ne sache pas/n'ait pas su
5. t'astreignes/te sois astreint(e)
6. faille/ait fallu
7. n'ayez pas relevé/releviez
8. meurent
9. doive/ait dû
10. ne l'ait pas consulté

**5**
1. était/serait
2. fassions/ayons fait
3. donniez/donnerez

4. s'effondrent
5. ferait/aurait fait
6. s'adressât/s'adresse/se fût adressé/se soit...
7. n'ait pas été/ne soit pas
8. soient situées
9. ait été construit
10. ne serait pas mort/n'est pas mort

**6**
1. voulait
2. veuille/ait voulu
3. interdise
4. a suivi
5. fait froid, prennent
6. s'était montré
7. servît/serve
8. pourrait/pouvait
9. vous vous heurtiez, réagiriez-vous
10. ne nous aies pas prévenu(e)s, en as pris/ne nous préviennes pas, en prends/tu en as pris

**7**
1. s'ébruitât/s'ébruite
2. disparaissent
3. démolisse
4. interdise
5. soient mieux entretenues
6. soient vendus
7. reloge
8. fussent/soient améliorées
9. tutoyât/tutoie
10. vînt/vienne

**8**
1. tienne compte
2. ait été/a été commise, n'en suis pas responsable
3. aurait lieu/aura lieu
4. ait pris/prenne
5. permettent
6. soyez, défendiez
7. a été créée
8. posiez/posez, n'avez guère compris/ne comprenez guère
9. ne fût réélu/n'eût été réélu
10. nuise

**9**
1. est dû/était dû
2. a essayé/essaiera, n'ayez pas encore/n'ayez pas encore eu
3. se développe/se soit développée/s'est développée, soit/est supérieure

4. prêterai
5. vous vous absentiez/soyez absenté, ne mentiez/m'ayez menti
6. ne se soit aperçu
7. n'avons guère progressé
8. sera/serait candidat
9. ne manquions
10. convenions

## 10 (par exemple)

**A**

1. ... la guerre soit imminente.
2. ... tout est facile.
3. ... qu'elle guérira.
4. ... qu'elle puisse progresser.
5. ... vous avez bien fait de venir.
6. ... l'on prenne quelques précautions.
7. ... votre attitude était inadmissible.
8. ... nous nous dérangions.
9. ... les musées seront ouverts prochainement.
10. ... vous lisiez le mode d'emploi.

**B**

1. ... qu'elles est ravissante.
2. ... nous nous absentions en juin.
3. ... nous acceptions vos conditions.
4. ... tout cela finira mal.
5. ... ce soit si cher.
6. ... vous preniez quelque exercice.
7. ... qu'elle ne reviendra pas sur sa décision.
8. ... j'avais raison.
9. ... qu'on répartisse les richesses plus équitablement.
10. ... que la négociation a été un fiasco.

## 11 (par exemple)

1. ... ta lettre nous parviendra à temps.
2. ... l'on aperçoive les îles par ce brouillard.
3. ... qu'il eût voulu/ait voulu lui mentir.
4. ... qu'il ait reçu/a reçu un mauvais coup.
5. ... vos amis se plaisent ici.
6. ... soyez/serez bien accueilli.
7. ... qu'il était/fût/soit interdit de pêcher.
8. ... la peine de mort est abolie en France depuis 1981.
9. ... qu'on vous enverra directement le chèque.
10. ... le temps s'éclaircisse aujourd'hui.

## 12 (par exemple)

1. ... qu'on fasse le détour. /... de lui venir en aide.
2. ... qu'il pleuve en cette saison. /... de faire la grasse matinée.
3. ... qu'elle vous prévienne de son arrivée. /... de lui écrire pour la remercier.
4. ... qu'on lui dise d'être ponctuel/de le lui faire savoir.
5. ... que nous réagissions. /... de se décider.
6. ... qu'elle suive un régime. /... de fermer ce centre commercial.

7. ... qu'on interdise de marcher sur les pelouses. /... de donner des étrennes au facteur.
8. ... qu'un tel abus soit toléré. /... de mentir aussi effrontément.
9. ... qu'on lui expliquât le mécanisme. /... ajouter du sucre.
10. ... que vous preniez des précautions. /... résilier ce contrat.

## 13 (par exemple)

1. Il est surprenant...
2. Il était étonnant...
3. Il est irritant...
4. Il est fâcheux...
5. Il est évident...
6. Il est navrant...
7. Il est révoltant...
8. Il est bien dommage...
9. Il est clair...
10. Il est incroyable...

## 14 (par exemple)

1. ... que vous consultiez les archives de la Comédie Française.
2. ... qu'il n'ait pas répondu à la convocation.
3. ... que Dante est toujours lu.
4. ... qu'il y aura encore bien des embouteillages.
5. ... que le personnel soit bilingue.
6. ... que les conditions atmosphériques soient favorables.
7. ... qu'il a fait d'énormes progrès.
8. ... que nous nous renseignions auprès de plusieurs agences.
9. ... qu'on revoie la grille des salaires.
10. ... qu'il soit à l'abri d'une erreur.

## 15 **A**

1. Que tu te sois révolté, je le comprends.
2. Qu'il puisse réussir, nous en sommes convaincus.
3. Que mon raisonnement soit spécieux, je le reconnais.
4. Que mes démarches aboutissent aussi vite, je ne m'y attendais pas.
5. Que les clauses du traité n'aient pas été respectées, cela est notoire.

**B**

1. Je suis surprise que vous vous soyez affolé pour si peu.
2. Tout le monde espère que cette guerre finira bientôt.
3. Je tiens à ce que tu sois précis dans ton travail.
4. Nous convenons que la toiture doit être remise en état.
5. Il est évident que tout être a droit à la liberté.

## 16 **A**

1. Je suis ravi qu'Alain parte.

2. Je suis ravi de partir.
3. J'admets que Jean s'est trompé.
4. J'admets m'être trompé/que je me suis trompé.
5. Je lui ai assuré qu'il réussirait.
6. Mon père m'a promis de m'emmener au concert/qu'il m'emmènerait au concert.
7. Je lui ai confirmé que je lui apporterais mon aide.
8. Cet homme sait qu'il vaincra.
9. Il dément avoir participé à la réunion.
10. Il espère qu'il aura gain de cause/avoir gain de cause.

**B**
1. Je regrette que vous n'ayez pas daigné m'écouter.
2. Je regrette de m'être laissé aller à des confidences.
3. Il n'était pas conscient d'avoir frôlé la mort.
4. Le receleur a avoué qu'il avait/avoir dissimulé le tableau.
5. Je reconnais que je suis/être d'un naturel nonchalant.
6. Il nous a permis d'utiliser son magnétoscope./Il a permis que nous utilisions son...
7. Je vous recommande d'aller voir l'exposition Degas.
8. Je suis désolé d'avoir manqué d'à-propos.
9. Je suis navré que vous n'ayez pas assisté...
10. On n'avait pas encore autorisé les passagers à fumer.

**17**
1. Il sentait qu'il faiblissait./Il se/le sentait faiblir.
2. On voyait bien qu'il prenait...
3. Je ne me souviens pas qu'on m'ait jamais averti de l'accident/(d')avoir jamais été averti...
4. Je me rappelle avoir vu jadis cette opérette.../que j'ai vu jadis...
5. Je suis fier de vous avoir le premier annoncé cette bonne nouvelle/d'avoir été le premier à vous annoncer...
6. Il est naturel qu'on réagisse/de réagir devant...
7. Il ne sera pas facile de prouver que le directeur avait..
8. Il est question d'émettre un timbre../qu'on émette...
9. Il est décourageant de voir tant d'efforts ruinés.
10. Il serait déplaisant que quelqu'un s'avise de...

**18**
1. ... que le malade guérirait rapidement.
2. ... que l'on eût supprimé/supprimât/ait supprimé le rayon de sport.
3. ... que les négociations soient/aient été si lentes.
4. ... à ce que l'armée intervienne rapidement.
5. ... que le gouvernement tomberait prochainement/bientôt.
6. ... qu'une université soit créée/que l'on crée une université...
7. ... que les infractions des automobilistes au code soient si nombreuses./... que les automobilistes enfreignent si souvent le code.
8. ... à ce que l'on publie le journal.../à ce que le journal de leur père soit publié.

9. ... que la couche d'ozone diminuait/diminue de façon inquiétante.
10. ... que le bail soit prorogé.

**19**
1. ... l'abolition des privilèges.
2. ... la reprise des hostilités à ...
3. ... une réduction de 3 % de la TVA sur...
4. ... une répercussion à court terme de la crise financière sur...
5. ... une nouvelle confrontation des témoins.
6. ... l'émission d'un nouvel emprunt.
7. ... la parution d'un nouveau quotidien le...
8. ... un paiement immédiat.
9. ... les atermoiements du Premier ministre dans...
10. ... l'insurrection de la province tout entière.

**20**
1. ... de l'ignorance de leurs enfants.
2. ... les plaintes incessantes de ma cousine.
3. ... du silence/mutisme de l'étudiant.
4. ... la pitié/la compassion de ses amis.
5. ... la défaite totale du boxeur.
6. ... l'expulsion des principaux opposants.
7. ... du contraire.
8. ... l'ablation de l'organe malade.
9. ... le retour précipité du chef de l'État dans...
10. ... la supériorité de Balzac sur Eugène Sue.

**21**
**A**
1. Le retour au pouvoir de notre parti est prévisible.
2. L'échec de cette politique est indéniable.
3. La culpabilité de cet homme est évidente.
4. Le report de la réunion serait souhaitable.
5. La comparution du prévenu devant le juge a été décidée pour le 19 octobre.

**B**
1. Le gaspillage de l'eau est inadmissible en période de sécheresse.
2. Le réglage de ce mécanisme est difficile.
3. L'insertion de cette annonce dans le journal local est indispensable.
4. En temps de guerre, l'extinction des lumières pendant les alertes est obligatoire.
5. Le siège de la citadelle fut impossible.

**22**
1. ... n'avoir rien vu (ni) rien entendu.
2. Que (me) faudra-t-il faire ?
3. ... d'intervenir...
4. ... à être reçus au plus tôt par...
5. ... d'être déçu par...
6. ... avoir été stupéfié par/de...
7. ... ne pas comprendre ...
8. ... être réconfortée par ...
9. ... de résoudre ...
10. ... avoir déjà vu...

**23**
1. La pollution de l'eau des rivières est intolérable.
2. La mendicité sur la voie publique est interdite.

3. La réfection de ce plancher est urgente.
4. L'abonnement à cette revue est peu onéreux.
5. Une sauvegarde efficace du patrimoine est malaisée.
6. La confusion entre mon frère et moi est fâcheuse.
7. La comparaison entre deux poètes aussi dissemblables serait vaine.
8. L'obtention d'un diplôme est préférable avant...
9. Une interruption de la séance est exclue.
10. L'attribution de ce tableau à Chardin paraît hasardeuse.

1. Il lui arrive de s'attarder...
2. ... à l'absence de tout danger./ont exclu tout danger.
3. ... inévitable une augmentation des cotisations sociales/une augmentation des cotisations sociales inévitable.
4. ... de s'abstenir de tout commentaire.
5. ... de vous voir lire...
6. ... dignes de foi/dignes d'être crus.
7. ... une plus grande diversification des...

8. ... à être lu et relu attentivement/une lecture et une relecture attentives
9. ... de douter de l'innocence de ...
10. ... laisser ce crime impuni.

Selon que le verbe de la proposition complétive est employé à un mode ou à un autre, le sens du verbe "dire" varie :
– suivi de deux propositions complétives dont le verbe est à l'indicatif ("était," "priait"), il signifie "informer";
– l'emploi du subjonctif dans les trois autres complétives ("fît", "menât", "fît") indique que la Barbe-Bleue ne se contente plus d'informer sa femme mais qu'il lui donne des conseils, sinon des ordres.

Seules deux propositions complétives, qui sont à la suite l'une de l'autre ("que le patron n'aime pas qu'on nous téléphone de la ville"), ne rapportent pas un discours. Le premier verbe (aime) est à l'indicatif, tandis que le second (téléphone) est au subjonctif.

# CHAPITRE 11

# Discours direct et discours indirect

**1**
1. Il prétendait avoir traversé/qu'il avait traversé...
2. On demanda au journaliste d'où lui venait...
3. Un écriteau annonçait que la séance ne commencerait...
4. L'huissier nous demanda si nous voulions bien/de bien vouloir...
5. Elle lui conseilla de ne pas se laisser aller à ses...
6. Le vieillard dit en grommelant que, de son temps, les automobilistes s'arrêtaient...
7. On lit sur les billets de banque que tout contrevenant sera...
8. Il me cria de ne pas me mêler de ses...
9. Il a précisé que ma/votre candidature serait...
10. Le voyageur affirma qu'il était bien où il était et qu'il y restait.

**2**
1. Jure-moi que tu m'aimes.
2. Avoue-moi qui t'a offert ce bijou.
3. Indiquez-moi ce qui vous intéresse.
4. Expliquez-moi pourquoi il n'accepterait pas...
5. Elle se demandait ce que signifiait...
6. J'ignorais ce qu'il s'était passé.
7. Précise-nous qui tu comptes inviter.
8. Dis-moi ce que tu penses de ce cognac.
9. Nous nous demandions si nous nous reverrions...
10. Tâchez de savoir s'ils se souviennent...

**3**
*(par exemple)*
1. Je voulais savoir si vous aviez réservé votre place.
2. Il m'a assuré qu'il était venu aussi vite qu'il l'avait pu.
3. Le garagiste nous a certifié que nous pouvions partir tranquilles.
4. Ils ignoraient si je me souvenais de ma promesse.
5. On nous a promis que les résultats de l'analyse seraient...
6. Il m'a confirmé que c'était bien lui qui m'avait convoqué.
7. Il a reconnu que je lui avais rendu un fier service en lui téléphonant.
8. Il s'étonne que nous ne soyons pas encore partis.
9. L'avocat rappela aux jurés que son client n'avait pas à prouver son innocence.
10. Le météorologiste avait prévu que le temps serait maussade...

**4**
*(par exemple)*
1. Le professeur nous invita à prendre notre livre...

2. La marchande de prunes me demanda combien j'en voulais, un kilo ?
3. Le témoin a affirmé que la responsabilité du conducteur n'était pas engagée.
4. Les membres du gouvernement déclarèrent qu'ils avaient largement atteint leur objectif.
5. Le médecin m'a recommandé de garder la chambre et de ne pas commettre d'imprudence.
6. Paul s'est demandé si ce n'était pas moi qu'il avait vu la veille/hier.
7. Il a été décidé que le boulevard périphérique serait fermé...
8. L'agent ordonna de dégager...
9. Le bruit court que le ministre des Finances serait...
10. Il a été décrété que tout abus serait puni.

**5**
1. L'auteur de l'article pose la question de savoir si le théâtre est supérieur au cinéma./L'auteur de l'article s'interroge sur la supériorité du théâtre par rapport au cinéma.
2. On nous a donné des instructions pour savoir comment (il faut) utiliser cet instrument./On nous a donné des instructions sur la manière (la façon) d'utiliser cet instrument./On nous a donné le mode d'emploi de cet instrument.
3. Il faut s'interroger pour savoir s'il est opportun de se réunir ce mois-ci./Il faut s'interroger sur l'opportunité d'une réunion ce mois-ci.
4. Tout le monde réfléchit pour savoir comment (on pourra) éviter à l'avenir une pareille catastrophe./Tout le monde réfléchit à la manière (à la façon/aux moyens) d'éviter...
5. La question est de savoir si l'affaire est rentable.
6. Dans ce livre, il est difficile de déterminer (quelle est) la part de la fiction.
7. Nous devons nous interroger pour savoir comment mettre fin à ces abus./Nous devons nous interroger sur la manière (la façon) de mettre fin...
8. Ce nouvel accident pose la question de savoir si le chirurgien est responsable en pareil cas./Ce nouvel accident pose la question de la responsabilité du chirurgien en pareil cas.
9. Les deux parties devront s'interroger pour savoir d'où provient ce malentendu./Les deux parties devront s'interroger sur l'origine du malentendu.
10. Le tribunal devra déterminer à combien s'élèveront.../Le tribunal devra déterminer le montant des dédommagements versés aux victimes.

**6** Au cours de la réunion électorale, le candidat expliqua à ses auditeurs qu'il ne leur cacherait pas que la situation était complexe. Il ajouta que le pays subissait une crise grave. À quoi servirait de leur dissimuler la vérité ? À quoi bon les leurrer par de fallacieuses promesses ? Il leur demanda de lui accorder leur confiance. Il leur promit de faire de son mieux mais reconnut qu'il ne possédait pas de solution miraculeuse.

**7** **A**

Paul m'a écrit qu'après ces quelques semaines passées en ma compagnie, il lui était difficile de comprendre mes sentiments à son égard. Parfois il imaginait qu'il ne m'était pas indifférent ; à d'autres moments, il avait l'impression que je souhaiterais le voir partir et il craignait de me déplaire. Aussi avait-il pris la résolution de s'éloigner, de mettre entre nous une distance nécessaire. Il souffrait trop. Pourquoi se torturer davantage ?

**B**

Paul a écrit à Virginie qu'après ces quelques semaines passées en sa compagnie, il lui était difficile de comprendre les sentiments de la jeune fille à son égard. Parfois il imaginait qu'il ne lui était pas indifférent ; à d'autres moments, il avait l'impression qu'elle souhaiterait le voir partir et il craignait de lui déplaire. Aussi avait-il pris la résolution de s'éloigner, de mettre entre eux une distance nécessaire. Il souffrait trop. Pourquoi se torturer davantage.

**8** Mon amie Anne m'a écrit de Chamonix que, partie de la ville la veille au matin, elle était arrivée là-bas le soir-même. Quelle avait été sa joie de se retrouver dans ce paysage si cher à son cœur ! Elle exprimait son désir que je comprenne son bonheur à se voir libérée de ses soucis. Elle respirait, elle contemplait la nature, elle allait, elle venait, elle parcourait les alpages ; elle ne savait comment m'exprimer tout ce qu'elle ressentait. Elle me demandait pourquoi je ne me décidais pas à aller la retrouver. Elle m'invitait à secouer ma torpeur et à prendre le train qui m'amènerait près d'elle en quelques heures pour aller la rejoindre. Elle m'incitait à ne plus résister, m'affirmant que je ne le regretterais pas.

**9** Le metteur en scène donna ses indications à l'actrice qui jouait le rôle de Phèdre. Il lui précisa que Phèdre devait entrer en scène avec la lenteur d'une somnambule. Il lui demanda si elle avait compris et lui recommanda de ralentir, de ne pas se précipitercomme si elle avait le diable aux trousses, de traverser la scène en diagonale, de s'arrêter et là, sans regarder personne, de commencer sa tirade :

"Quelle importune main..."
Il lui dit que c'était bien mais que sa voix était trop plaintive. Qu'elle recommence ! Non, non, ce n'était pas cela ! Il expliqua que Phèdre ne cherche/ cherchait pas à attirer notre pitié ! Il demanda à l'actrice pourquoi elle s'interrompait, insinuant qu'elle ne connaissait pas son texte. Il rappela ce qu'il lui avait répété cent fois, qu'il fallait qu'elle vienne/vînt en sachant son texte. Il déplora qu'elle leur fasse perdre leur temps.

**10** Mon oncle m'a demandé : "Que fais-tu ? Où cours-tu ? As-tu pensé à l'inquiétude de tes parents quand ils te voient t'agiter de la sorte ? Je te supplie de reprendre tes esprits et de songer que demain tu auras besoin de toutes tes forces et de tout ton calme."/"Reprends tes esprits, je t'en supplie et songe que…"

**11** En entrant dans la galerie, elle déclara : "Ces tableaux me plaisent beaucoup. Je regrette de ne pas être venue plus tôt." Je lui demandai : "Pourquoi ne l'as-tu pas fait puisque tu en avais tout le loisir ?
– J'ai été très occupée ces derniers temps. Il m'a été impossible de me libérer et je le déplore", répondit-elle.
J'ajoutai : "C'est vraiment une des plus belles expositions que j'aie vues jusqu'à présent ; il est dommage qu'elle se termine bientôt car j'aurais aimé revenir plusieurs fois.
– Je suis tout à fait de ton avis", affirma-t-elle.

**12** *(par exemple)*
Le 19 mai 1921, S.J.P. écrit de San Francisco à sa mère. Il s'étonne de ne pas avoir reçu de lettre d'elle et l'informe qu'il doit se rendre d'urgence à W., où du courrier officiel l'attend, avant de rentrer à Paris. Il émet le souhait que seul son beau-frère vienne l'attendre à l'arrivée du train.
Puis il s'interroge sur les difficultés de la vie qu'il mènera à Paris, en même temps qu'il exprime sa confiance en lui-même.
Enfin il dit sa hâte d'être bientôt à même d'aider à la gestion des ressources familiales et termine en insistant sur ce qu'il considère comme l'essentiel : l'union de leurs cinq cœurs.

**13** *(par exemple)*
Dans cette lettre, écrite à Juby en 1928, Saint-Exupéry, exprime à sa mère combien sa vie au Sahara est exaltante.
Il lui confirme son espoir de revenir en France en septembre ; il considère toutefois comme son devoir d'attendre qu'un de ses camarades, qui a été fait prisonnier, ne soit plus en danger.
Enfin, il avoue rêver parfois d'une existence paisible et raffinée, contrastant avec l'austérité hostile du désert.

**14** a) *Style direct* :

– Monsieur Baudu ? (l. 1)

– C'est moi (l. 3)

– Ah ! tant mieux ! ... Je suis Denise, et voici Jean, et voici Pépé... Vous voyez, nous sommes venus, mon oncle. (l. 5-6)

– Comment ! comment ! vous voilà ! ... Mais vous étiez à Valognes ! ... Pourquoi n'êtes-vous pas à Valognes ? (l. 10-11)

– Vous comprenez, mon oncle, Jean entrera demain en apprentissage, chez son nouveau patron. On ne me demande pas d'argent, il sera logé et nourri... (l. 20-21)

– Nous ne pouvons pas être plus malheureux qu'à Valognes (l. 22)

b) *Style indirect libre* : "Après la mort ... un ivoirier". (l. 12 à 19)

c) *N.B. Il n'existe aucune phrase au style indirect.*

# CHAPITRE 12

# L'expression du temps

**1**
1. serez 2. mourait 3. ébranla/a ébranlé 4. vit
5. tomba/fut tombée 6. tombait/était tombée
7. commencent 8. s'apprêtait 9. franchissait/franchit
10. atteignaient/avaient déjà atteint

**2**
1. reviendront/seront revenus 2. avons eu vent
3. eurent dépassé/dépassèrent 4. put 5. ne serait pas
entièrement cicatrisée/n'était pas entièrement
cicatrisée 6. vous ne vous astreindrez pas/vous ne
vous serez pas astreint 7. approche 8. s'éloignaient
9. s'emparait 10. s'est lancé

**3**
1. discutaient 2. connais 3. gravissaient 4. se
retrouvent 5. sellaient 6. avait acheté 7. a effectué
8. vit 9. me tourmentais 10. s'éteignaient

**4**
1. ouvrit/eut ouvert 2. s'engagea/se fut engagé 3. se
produisit 4. a eu répandu/a répandu 5. se
termineront/se seront terminés 6. auras réuni
7. avaient à peine atteint/eurent à peine atteint 8. se
fut-il avancé/s'était-il avancé/s'avança-t-il 9. n'eut
pas plutôt donné/n'avait pas plutôt donné 10. n'était
pas rentré

**5**
1. pût/puisse/eût pu/ait pu 2. restreigne/ait restreint
3. transmette/ait transmis 4. se produise
5. n'admette/n'ait admis 6. m'aperçoive/me sois
aperçu 7. élise/ait élu 8. reviennes/sois revenu
9. aies achevé 10. me souvienne

**6**
1. avait-il accosté/eut-il accosté 2. interdise 3. eut
franchi 4. n'avait pas sifflé 5. prît/eût pris
6. enjoigne/ait enjoint 7. parcourait 8. escaladait
9. éclatèrent et retombèrent 10. perçut/eut perçu

**7**
1. atteignent/aient atteint 2. resta 3. avançait 4. avait
entrepris 5. s'apprêtaient 6. ne sera pas passé
7. sonnait 8. émettait/avait émis 9. appellera 10. se
rendit compte

**8**
1. à mesure que/au fur et à mesure que 2. tandis
que/pendant que/alors que 3. tant que/aussi
longtemps que 4. jusqu'à ce que/avant que
5. quand/lorsque/une fois que/dès que/aussitôt
que/après que 6. depuis que 7. dès que/aussitôt
que/au moment où 8. comme 9. chaque fois
que/toutes les fois que 10. d'ici à ce que

**9**
1. depuis 2. après 3. dès que/aussitôt que 4. avant de
5. jusqu'à 6. avant que 7. après 8. jusqu'à ce que
9. dès 10. dès que/aussitôt que/une fois
que/quand/lorsque/après que

**10**
1. pendant 2. au moment où 3. depuis que 4. tandis
que/alors que/pendant que 5. en attendant que 6. au
moment de 7. depuis que 8. en attendant de 9. au
moment de 10. pendant

**11**
1. lorsque/dès que/aussitôt que/une fois que/quand il
aurait franchi 2. pendant qu'ils/tandis qu'ils
exploraient..., ils découvrirent/ont découvert 3. depuis
qu'il avait été trompé 4. tant qu'il/aussi longtemps
qu'il ne m'aurait pas présenté/ne me présenterait
pas... 5. tandis que/pendant que/comme les joueurs
prenaient place/en attendant que les joueurs prennent
place 6. d'ici à ce que cet artisan prenne sa retraite...
7. tant que/aussi longtemps que la coque ne sera pas
repeinte. 8. jusqu'à ce qu'on lui rende...
9. quand/lorsque/une fois que j'aurai terminé...
10. à mesure que l'écrivain avançait...

**12**
1. Quand/lorsque/une fois qu'ils furent parvenus...
2. Dès que/aussitôt que la tempête s'apaisa...
3. Au moment où je poussai.../comme je poussais...
4. Quand/lorsqu'on le voit si leste...
5. Tant que/aussi longtemps que je vivrai...
6. Quand/lorsque/une fois que/après que le châtelain
eut disparu...
7. Avant qu'on le reconnaisse...
8. Dès que/aussitôt qu'il est pêché/a été pêché.
9. Pendant que/tandis qu'elle époussetait...
10. Après que les titres de transport eurent été
vérifiés...

**13**
1. Quand/lorsqu'il vit...
2. quand/lorsque/au moment où elle démarre.
3. depuis qu'il a divorcé.
4. quand/lorsque la manifestation fut finie.../comme
la manifestation finissait...
5. jusqu'à ce qu'on ait découvert le vaccin.
6. quand/lorsque le cortège est passé/au moment
où/comme le cortège passait.
7. en attendant que la session parlementaire
reprenne...
8. une fois que/après que la discussion fut terminée...

9. à mesure que le temps passe.
10. après que les troupes ennemies se furent rendues...

**14**
1. en état d'ivresse.
2. lors de son accession au trône.
3. pendant le siège de la capitale.
4. jusqu'à la dissipation des brouillards matinaux.
5. depuis l'apparition de cette maladie.
6. dès l'interruption du traitement.
7. avant la rédaction définitive d'un contrat...
8. après la correction minutieuse des épreuves...
9. en attendant les premières chutes de neige.
10. au fur et à mesure de la publication de ses mémoires...

**15** (*par exemple*)
1. Pendant mon séjour à l'hôpital...
2. En visitant une exposition...
3. Après l'acquisition de ce vieux moulin...
4. Jusqu'à l'interdiction des visites...
5. Avant la rupture totale des relations diplomatiques...
6. Après avoir atteint son but/son but atteint...
7. ... jusqu'à son complet rétablissement.
8. La discussion s'envenimant...
9. Le temps de prendre mon appareil...
10. A les voir/en les voyant si épris...

**16**
1. Aussi longtemps que les travaux ne seront pas terminés. Jusqu'à la fin des travaux. Pendant toute la durée des travaux.
2. A peine leur en eut-on donné/leur en avait-on donné la permission que les élèves sortirent. Les élèves ne sortirent pas tant qu'on ne leur en eut/avait pas donné la permission. ... une fois qu'on leur en eut donné la permission.
3. ... au coucher du soleil. Avant que le soleil (ne) disparaisse/n'ait disparu. Avant le coucher du soleil.
4. L'écrivain ne se sent pas délivré avant d'avoir mis... L'écrivain se sent délivré depuis qu'il a mis... L'écrivain ne se sent pas délivré tant qu'il n'a pas mis...
5. ... en attendant que leurs parents reviennent/soient revenus. ... avant que leurs parents (ne) reviennent/ne soient revenus. Jusqu'à ce que leurs parents soient revenus.

**17** (*par exemple*)
1. Tu te mettras à table quand/lorsque/une fois que tu te seras lavé les mains.
2. Je répéterai mes explications jusqu'à ce que vous compreniez/ayez compris.
3. Au moment où elle parvint à l'extrémité du quai, une vague...
4. En attendant qu'on te confie ce poste, tu dois poursuivre tes efforts.
5. Au fur et à mesure que les explorateurs avançaient dans la jungle, la végétation...

6. Jusqu'à ce qu'on ait découvert que ce comptable détournait de l'argent, il passait...
7. Dès que la mère éteignit la lumière, l'enfant se mit...
8. Il pourra aller au cinéma une fois qu'il aura fait...
9. On n'eut pas plutôt hissé la voile que le bateau...
10. D'ici à ce que les savants résolvent ce problème, que d'heures passées en recherches !

**18**
1. Pendant que le malade somnolait, ...
2. Depuis qu'elle avait fait une chute de cheval, ...
3. Chaque fois que le journaliste intervenait, ...
4. Maintenant que tu as brillamment réussi tes examens, ...
5. Une fois qu'il eut parcouru le journal, ...
6. A mesure qu'on s'approchait de l'animal, ...
7. Aussi longtemps que la discussion s'est prolongée, ...
8. Que d'obstacles s'étaient dressés sur sa route avant qu'il (n')atteignît/n'atteigne le pôle Nord.
9. A peine eut-il parié/avait-il parié qu'il traverserait la rivière à la nage qu'il plongea... Il n'eut pas plutôt parié/il n'avait pas plutôt parié... qu'il plongea...
10. Du plus loin que je me souvienne...

**19** (*par exemple*)
**A**
1. ... il consacre son temps aux activités artistiques.
2. ... elle travaillera à mi-temps.
3. ... tant qu'il perdra son temps à des futilités.
4. ... son mari se promenait pour tuer le temps.
5. ... c'est qu'on veut être de son temps.

**B**
1. ... d'ici à ce que l'on mette à jour le courrier en retard.
2. ... son humeur s'améliora de jour en jour.
3. ... de nos jours, ils vont à l'école.
4. ... du jour au lendemain, il céda au découragement.
5. ... il vivra au jour le jour.

**20**
1. ... dans 5 minutes.
2. ... en 4 semaines.
3. ... pour un mois.
4. ... pendant dix ans.
5. ... à l'âge de dix ans.
6. ... depuis cette époque.
7. ... dès sa cinquième année.
8. ... depuis l'âge de cinq ans.
9. ... durant les vacances.
10. ... pour trois jours.
11. ... au bout d'une heure.
12. ... de toute la soirée.
13. ... à partir de demain.
14. ... à sa naissance.
15. ... dès les premiers jours.

16. ... sous huitaine.
17. ... dans les huit jours.
18. ... vers le quinze septembre.
19. ... près de minuit.
20. ... au petit matin/vers le petit matin.

1. à partir de maintenant/dès lors
2. autrefois, aujourd'hui
3. sur-le-champ
4. souvent
5. jadis/autrefois
6. après 10 heures
7. de temps en temps
8. tout le temps/à chaque instant/à tout moment
9. désormais/dorénavant
10. vers

*(par exemple)*
1. Cette église date du XIIIe siècle.
2. C'est une famille très ancienne qui remonte aux Croisades.
3. La cérémonie a été précédée d'un discours du maire.
4. Henri II a succédé à François 1er.
5. De mémoire de professeur, on n'a jamais vu un étudiant aussi exceptionnel.
6. J'attends votre réponse sous peu.
7. Naguère, on étudiait beaucoup plus le latin et le grec.
8. La vaisselle fut faite puis rangée en un clin d'œil.
9. Le directeur demande que vous remettiez votre rapport de stage dans les plus brefs délais.
10. Je vous demande de répondre à ma lettre par retour du courrier.

**A**

Éléments indiquant le temps :
*Conjonctions* : tandis que (ligne 1), quand, et qu'il (l. 3), quand (l. 5), quand (l. 11), jusqu'à ce que (l. 12).
*Adverbes* : A peine, encore (l. 1), déjà (l. 6), sitôt (l. 7), parfois aussi (l. 10), puis, enfin (l. 12), encore (l. 14), bientôt (l. 15), éternellement (l. 20).
*Préposition* : après (l. 3).
*Autres expressions* : L'hiver (l. 9), dans les longues soirées d'été (l. 10, 11), deux fois par semaine (l. 16), en s'engouffrant (l. 9), lisant ou rêvant (l. 19).

**B**

Le texte est une évocation. Le narrateur revit, par la pensée, ses journées de collège, qui se déroulent selon un rythme immuable, tout au long de l'année.
Le temps employé est l'imparfait (28 verbes), particulièrement apte à évoquer l'aspect duratif du temps puisqu'il présente une image de l'action en train de se faire, d'où son aptitude aussi à traduire l'habitude. Les autres temps renforcent également cette image. Les 2 présents, "longe les remparts" (l. 2) et "tiennent éveillé" (l. 7), se présentent comme des présents d'éternité. Les 2 futurs proches dans le passé, "allait s'affirmer et se multiplier" (l. 15), les 4 participes présents "tenant" (l. 2), "en s'engouffrant" (l. 9), "lisant ou rêvant" (l. 19) insistent sur la progression de l'action. Les nombreux participes passés — "délivré" (l. 1), "peuplé" (l. 3), "penché", "perdu" (l. 5), "couchés", "éveillé" (l. 7) etc. — à caractère descriptif, situent les personnages à l'intérieur de ce glissement du temps.
A une seule exception, "jusqu'à ce que naquît enfin" (l. 12), le mode utilisé est celui de la réalité, l'indicatif.

# CHAPITRE 13

# L'expression de la cause

**1**
1. affluaient
2. roulait
3. comprenait/avait compris
4. s'est montré/s'était montré
5. te crois
6. voulait, montait
7. ne coïncidaient pas
8. je consens/ai consenti
9. conduisait
10. souffrait

**2**
1. prenez
2. avait passé
3. interdisait
4. prenez/prendrez
5. veuille/ait voulu
6. jalonnent
7. déplaise
8. s'introduisait/s'était introduit
9. disait
10. ait modifié, l'ait démoli

**3**
1. puisque
2. parce que
3. comme/étant donné que
4. attendu que/vu que
5. c'est que
6. non que/ce n'est pas que/non pas que
7. sous prétexte que
8. d'autant (plus) que
9. soit que, soit que
10. si, ce n'est pas parce que

**4** (*par exemple*)
1. Comme ils sentaient l'orage approcher...
2. ... parce qu'ils n'avaient pas su être/n'ont pas su...
3. Etant donné qu'ils n'avaient pas réservé...
4. Comme l'ascenseur était tombé...
5. ... parce qu'elle avait beaucoup fumé/fumait beaucoup.
6. Comme il était intrigué, ...
7. Puisque vous êtes si intelligent...
8. C'est parce qu'elle la vit...
9. ... sous prétexte qu'elle veut me rendre service.
10. ... parce qu'elle voit disparaître...

**5** (*par exemple*)
1. Comme ils étaient affamés...
2. Il reçut un mauvais coup parce qu'il s'était interposé...
3. Etant donné que la direction refusait.../Du moment que la .../Dès lors que.../Vu que.../Dans la mesure où...
4. Comme ils avaient été fouettés.../...parce qu'ils avaient...
5. Si le ministre... C'est parce qu'il avait à justifier...
6. Etant donné qu'il avait failli...
7. Comme le vent avait chassé... et que la mer s'était apaisée...
8. ... parce qu'il avait voulu transformer...
9. Dans la mesure où tu l'as persuadée.../Si tu lui as permis... c'est parce que tu l'as/l'avais persuadée de...
10. Comme il se voyait si haut...

**6**
1. ... en glissant sur le sol boueux
2. Décontenancé devant la difficulté..../Ayant perdu toute contenance
3. ... pour avoir triché
4. Rien ne la retenant plus...
5. Ne sachant pas s'y prendre...
6. A force de le questionner...
7. Elle se réjouissait de se voir entourée...
8. Se sentant près du but...
9. Les événements m'y contraignant.../contrainte par les événements.../sous la contrainte des événements
10. Le malentendu dissipé, tous...

**7**
1. ... sous l'effet des calmants
2. Devant l'échec de ses différentes tentatives, il...
3. ... d'émotion
4. C'est sur vos conseils que...
5. Faute de temps...
6. ... grâce à la participation active de tout le monde.
7. ... en raison du mauvais temps/à cause du...
8. Grâce à sa ténacité/par sa ténacité
9. ... pour son avarice/à cause de son avarice
10. ... pour inventaire/pour cause d'inventaire

**8**
1. Devant son refus catégorique...
2. ... de fièvre
3. C'est grâce à vos encouragements constants que...
4. A cause de sa maladresse...

5. ... en raison d'un incident technique/à la suite d'un.../par suite d'un...

6. Faute de preuves suffisantes...

7. Dans sa fureur/colère...

8. ... de fatigue

9. ...à/sur la requête de l'administration...

10. ... pour la douceur de sa lumière et l'harmonie de son paysage.

**9** (*par exemple*)

1. Comme/étant donné que rien n'indiquait le chemin, nous nous...

2. Puisque c'est un secret de polichinelle, pourquoi...

3. Elle n'est pas venue sous prétexte qu'on ne l'avait pas prévenue.

4. ... du rendez-vous puisque c'est moi qui...

5. S'il ne vous a pas répondu, c'est qu'il n'a sans doute pas reçu votre lettre.

6. Comme il pleuvait à verse, ils...

7. ... ce n'est pas qu'il fût/soit... mais il ...

8. ... dans son salon soit qu'il ait fait un ..., soit que le tapis ait glissé...

9. Du moment qu'on l'emmenait/dans la mesure où on l'emmenait...

10. ... parce que la réverbération...

**10** (*par exemple*)

1. ... chavira, soit qu'elle fût mal lestée soit que le vent se fût levé...

2. Comme le vacarme ... devenait assourdissant, les promeneurs...

3. Etant donné que l'ascension ... risques, la cordée...

4. ... peu, ce n'est pas qu'elle manquât mais...

5. Cet employé s'inquiète d'autant plus à l'idée ... qu'il a une nombreuse.../Cet employé s'inquiète à l'idée ... d'autant (plus) qu'il a...

6. ... viticulteurs : c'est que la grêle...

7. ... le moisi soit qu'on l'aérât peu, soit que la rivière ... lui communiquât...

8. ... non qu'il manquât de ...

9. ... ses agissements sous prétexte que son patron...

10. On comprend d'autant moins son attitude hostile que rien...

**11** 1. ... tant/tellement il était ému

2. ... car elle me semble...

3. ... tant/tellement elle les astiquait

4. ... forêt : en effet cela peut...

5. ... car il menaçait de tomber

6. ... tant/tellement il avait plu

7. ... d'aboutir : en effet il a ...

8. ...séparés, tant/tellement, il y avait de monde

9. ... tant/tellement les étudiants bavardaient

10. ... déçus : en effet le mois...

**12** 1. a suscité l'indignation

2. a provoqué/a causé l'accident

3. a engendré entre eux une...

4. est due à une/résulte d'une ...

5. a déchaîné l'enthousiasme

6. proviennent de son...

7. a motivé son départ

8. est due à la hausse.../résulte de la hausse...

9. est dû à une.../résulte d'une.../provient d'une erreur

10. découle de sa paresse

**13** 1. le pourquoi

2. le mobile

3. motivations

4. l'origine

5. prétexte

6. les causes

7. un motif

8. sujets

9. principe

10. raison

**14** (*par exemple*)

– Son indécision, ses tergiversations ont remis en cause nos projets.

– Dans le différend qui oppose les deux époux, les parents et amis ont pris fait et cause pour la jeune femme.

– Les non-fumeurs ont eu gain de cause : la cigarette est désormais interdite dans ce restaurant.

– Le vrai coupable a été identifié : Pierre a donc été définitivement mis hors de cause dans le vol du tableau.

– Il était parfaitement informé des risques qu'il encourait : c'est en connaissance de cause qu'il a pris part à l'aventure.

– Les ouvriers ont fait cause commune avec leur patron pour sauver l'entreprise.

– Cet avocat est connu pour plaider les causes qui semblent désespérées.

– Endettée, désemparée, je me suis décidée, en désespoir de cause, à mettre en vente la vieille maison familiale.

– C'est pour les besoins de la cause qu'il fit un faux témoignage.

– Je ne sais si je pourrai assister à la réunion du 2 juin; en tout état de cause, je vous préviendrai.

**15** L'auteur utilise :

– deux conjonctions de subordination : "parce que... et que.."(l. 1-2)

– un participe présent : "m'ennuyant" (l. 3)

– une conjonction de coordination : "car" (l. 6)

– la mise en relief de la cause : "ce qui décida mon départ fut.." (l. 4)

# CHAPITRE 14

# L'expression de la conséquence et du but

**1**
1. plaignît/plaigne 2. a ordonné 3. ne puissent plus/
pouvaient/pourraient 4. entendit 5. subissent
6. résonnaient 7. ont identifié 8. reconnaissait
9. apprenne 10. rejoigne

**2**
1. fallut 2. reçoive 3. s'aperçoivent 4. avait décoré/a
décoré/décora 5. on ne le croie pas 6. consente
7. retienne 8. puisse/peut 9. sembla/semblait
10. acquièrent

**3**
1. s'est rompue 2. envahit/a envahi/envahissait 3. se
vit 4. fit 5. séduit 6. finit/a fini 7. appréhendait
8. étreignait/étreignit/a étreint 9. a dû 10. interrompit

**4**
1. ont acheté 2. empruntait 3. dut 4. arriva
5. étions/avons été 6. pouvait, l'emporterait 7. atteignait
8. a convaincu 9. resta/était resté 10 l'engagera

**5**
1. permette 2. parvienne 3. apparaissent 4. trouve/trouvât
5. soient autorisées 6. fasse, mette 7. insistions 8. se
produise, prenne 9. confie/confiât 10. vive/vécût

**6**
1. sommes contraints 2. soyons contraints 3. doit
4. doive 5. on ne le comprend pas 6. on ne le
comprenne pas 7. prend 8. prenne 9. a fallu 10. faille

**7**
1. veuillent 2. dise, dise 3. puisse 4. peut 5. vienne
6. aperçoive 7. il ait bien vieilli, reconnaisse/aie pas
reconnu 8. étreignait 9. vît/voie 10. circulait/circula

**8**
1. si/tellement... perdait 2. tels... étions/avons été/fûmes
bouleversés. 3. pour qu'...consente. 4. tellement/si...
bredouilla/bredouillait/a bredouillé 5. tellement/tant
ému... se remplissaient/se remplirent/s'étaient/se sont
remplis 6. telle...mit 7. tant/tellement....étions 8. au point
qu'/à tel point que/de sorte qu'... croyait 9. pour que
...obéisse/obéît. 10. si bien que/au point que/à tel point
que/de sorte que … donna/pour que...donne/donnât

**9**
1. trop... pour qu'on puisse 2. pour qu'/de sorte qu'/de
telle manière qu'/afin qu' ... ne s'enfuie pas 3. de
peur qu'elle ne s'enfuie 4. si/tellement... qu'on ne
puisse 5. telle que...fit/a fait 6. de sorte que/au point
que/à tel point que/tellement que... s'accentuent/se sont
accentués 7. pour que/afin que... ne prenne pas 8. pour
que... s'aperçoive/se soit aperçu 9. telles ... que ...
suivait 10. si/tellement ... que vous ne puissiez

**10** (*par exemple*)
1. ... qu'il y ait des encombrements.
2. ... arriver le premier.
3. ... vous (ne) soyez déjà couché.
4. ... vous déranger.
5. ... les prochaines stations-service soient fermées.
6. ... ne trouver aucune station-service ouverte cette nuit.
7. ... qu'il ne fasse pas peur aux poules.
8. ... de peur qu'il (ne) fasse peur aux poules.
9. ... d'obtenir une préparation onctueuse.
10. ... faire de grumeaux

**11** (*par exemple*)
1. Catherine est trop jeune pour voter.
2. Il travaillait tant qu'il en oubliait de manger/
Il travaillait beaucoup jusqu'à en oublier de manger/
3. Abonnez-vous ... afin de faciliter vos
recherches/pour que vos recherches en soient
facilitées.
4. Il suffit ... pour que tout le monde applaudisse.
5. Il s'est défendu avec une telle ardeur et une telle
adresse qu'il a confondu... /Il s'est défendu avec
ardeur et adresse si bien qu'il a confondu...
6. Le brouillard était si/tellement épais que nous
avons dû rebrousser chemin.
7. Elle est si minutieuse qu'elle agace... /Elle est
minutieuse au point d'agacer...
8. Pressons le pas pour/afin d'arriver à temps.
9. Il déforme sans cesse la vérité si bien que/de sorte
qu'on ne peut le prendre au sérieux.
10. Elle s'inquiétait beaucoup au point d'en perdre le
sommeil/Elle s'inquiétait tellement qu'elle en perdait
le sommeil.

**12** (*par exemple*)
1. Relisez... pour en tirer le meilleur parti.
2. Ils espacèrent ... si bien qu'ils en vinrent à
s'ignorer.
3. Il n'est pas si/tellement souffrant qu'il ne puisse
remplir ses obligations.
4. Ils sont assez perspicaces pour s'être rendu
compte...
5. Cet appareil est d'une telle fragilité qu'il est
impératif...
6. La réalité est parfois étrange au point de dépasser
la fiction/La réalité est parfois si étrange qu'elle
dépasse la fiction.

7. Il se jucha sur une voiture ... pour mieux haranguer la foule.

8. Le négociant avait amassé une fortune considérable de sorte que/si bien qu'il avait pu se constituer .../Le négociant avait amassé une telle fortune qu'il avait pu...

9. De crainte que la situation n'empire, il faut prendre.../Il faut prendre ... afin que la situation n'empire pas.

10. Il a longtemps tergiversé de sorte que/si bien que les délais ont expiré et qu'il n'a pu poser sa candidature/Il a si longtemps tergiversé que...

## 13

1. ... en dérangement, c'est pourquoi je n'ai pu ...

2. ... plus nombreuses, ainsi tout jugement personnel devient-il difficile.

3. ... de l'avenir et elle vivait... /aussi vivait-elle ...

4. .... tomba, dès lors sa mère reprit espoir.

5. ... leur loyer, c'est pourquoi mon gendre et ma fille ont été contraints... /aussi ... ont-ils été contraints... /... mon gendre et ma fille ont donc été contraints...

6. ... saleté repoussante, par conséquent il fallait le nettoyer...

7. ... plusieurs revers, tirez-en donc les conclusions.

8. ... orages de septembre, c'est pourquoi on prévoit...

9. ... la voie ferrée, en conséquence le transport...

10. ... au fond de la galerie, ainsi attirait-il...

## 14

### A

1. le fruit, 2. propos, 3. la fin, 4. desseins, 5. chances, 6. le risque, 7. la conclusion, 8. l'objet, 9. but, 10. retentissement.

### B

1. ... ont déclenché une grève.

2. ... entraîne/provoque des allergies.

3. ... résulte d'un malentendu.

4. ... ont suscité de vives réactions.

5. ... a déchaîné/a provoqué un scandale.

6. ... l'incitent à poursuivre.

7. ... a entraîné des conséquences.

8. ... a soulevé/a déchaîné l'enthousiasme.

9. ... elle s'est attiré des reproches.

10. ... a éveillé les soupçons.

## 15

1.

a) Éléments marquant *le but* :
"Pour une fin"/"la meilleure fin" (ligne 1). "Pour porter des lunettes", "pour être chaussées" (l. 2 et 3). "Pour être taillées et pour en faire des châteaux" (l. 4 et 5).

b) Éléments marquant *la conséquence* :
"Il est démontré" (l. 1)
"aussi avons-nous des lunettes" (l. 3)
"et nous avons des chausses" (l. 4)
"aussi monseigneur a un très beau château" (l. 5)
"Par conséquent" (l. 6)
"Il concluait" (l. 9)
"et par conséquent de toute la terre" (l. 12)

2.

Dans un cadre emprunté à la logique formelle, le philosophe Pangloss conduit un raisonnement. A des faits réels d'une grande banalité : "nous avons des lunettes, et nous avons des chausses", il imagine des causes premières cocasses par leur absurdité. Il existe une inadéquation évidente entre la cause et la conséquence. L'univers semble avoir été créé pour une fin strictement limitée à un cas précis : celui de M. le baron.

Voltaire fait ici une parodie de la philosophie déterministe de Leibniz.

# CHAPITRE 15

# L'expression de l'opposition et de la concession

**1**
1. ne soit pas 2. eût allumé/ait allumé 3. ayons invités 4. faille 5. se conduise/se soit conduit 6. tutoyait 7. ait jamais pu 8. contraigne 9. eût minutieusement fouillé/ait minutieusement fouillé 10. seraient

**2**
1. prétendiez 2. dise 3. soit 4. puisse 5. fasse/aie fait 6. soient 7. puisse 8. soient 9. doive 10. veniez, alliez

**3**
1. soit 2. êtes/soyez 3. soit 4. puissent 5. est/soit 6. semblât/semble 7. aient faits/fassent 8. parût/paraisse 9. est/soit 10. puisse

**4**
a) 1. avait tenté 2. supplierait 3. n'a pas convaincu 4. s'y opposeraient 5. date
b) 1. même si 2. quand/quand bien même/quand même 3. si 4. si 5. quand/quand même/quand bien même

**5**
1. quelle que 2. quoi qu'il 3. quoiqu'il 4. quelque sérieuses que 5. quoi qu'il 6. quoiqu'il 7. quelle que 8. quelles que 9. quelques compliments que 10. quoiqu'elle

**6** (*par exemple*)
1. Si Anne chante à ravir, ...
2. ... il est parti pour l'étranger
3. ... il se plaigne de nombreuses contusions.
4. ... tout le monde faisait des efforts pour l'égayer.
5. ... ce film interprété par des acteurs célèbres n'a eu aucun succès.
6. ... si pertinente qu'elle puisse être.
7. ... on n'aperçoit que des champs à perte de vue.
8. ... elle a été jetée à terre par sa monture.
9. ... où qu'il aille.
10. ... elle essuierait un échec.

**7** (*par exemple*)
1. ... il réussit.
2. ... parfois ils se laissent aller à quelques manifestations d'irritation.
3. ... elle n'en a pas pas moins dépassé la cinquantaine.
4. ... je vais essayer d'y voir clair.
5. ... quelle qu'en soit la durée.
6. ... il est soupçonné de détournement de fonds.
7. ... elle est assez facile à vivre.
8. ... on n'empêcherait pas les vols dans ce grand magasin.

9. ... sans qu'il s'en aperçoive.
10. ... la conjoncture économique est bien meilleure.

**8**
**A**
1. Bien que/quoique le climat soit extrêmement rigoureux, ... 2. ...encore que/bien qu'ils se soient apparemment soumis. 3. ... bien qu'il/encore qu'il n'y eût plus d'espoir. 4. Bien qu'il/quoiqu'il ait échoué plusieurs fois, ... 5. Bien que/quoique les services de police aient fait une enquête minutieuse, ...

**B**
1. Malgré l'heure tardive, ...
2. En dépit de son grand âge, .../malgré…
3. Malgré leur intervention rapide, ...
4. ... à l'insu de tous.
5. Malgré les restaurations de Viollet-le-Duc au XIX^e siècle.

**9**
1. Ce musée est peu fréquenté bien qu'il contienne des œuvres inestimables.
2. Alors que/tandis que le jardin des voisins était entretenu avec soin, le nôtre...
3. Les nouvelles semblent alarmantes encore qu'on ne sache rien de précis.
4. Elle détestait l'opéra alors qu'elle aimait la musique de chambre.
5. Bien que mon oncle prétende être adroit, il ne peut bricoler sans déclencher de catastrophe.
6. Si compétent que se dise l'ébéniste, il n'a pourtant pas su restaurer la commode.
7. On a momentanément interdit l'accès du pont, encore qu'il ne paraisse pas avoir trop souffert du gel.
8. Bien qu'il/quoiqu'il ait insisté, je ne suis pas revenu sur ma décision.
9. Bien qu'on ait élargi la route, la circulation reste malaisée.
10. Quoi que vous disiez, quoi que vous fassiez, vous ne me convaincrez pas !

**10** (*par exemple*)
1. Bien que Londres et Paris ne soient pas des villes très éloignées, ce sont des capitales très différentes/Londres et Paris sont des capitales très différentes et pourtant/et cependant ce ne sont pas des villes très éloignées.
2. Il nous faut maintenant trouver un hôtel quels qu'en soient le prix et le confort.

3. Vous aurez beau lui faire toutes les remontrances possibles, il est trop têtu pour vous écouter/Bien que vous lui fassiez toutes les remontrances possibles, il est trop têtu pour vous écouter.

4. Quoi qu'il arrive, je ne me repentirai pas.

5. La majorité des mots français proviennent du latin, encore que bon nombre de mots techniques aient une racine grecque/La majorité des mots français proviennent du latin, toutefois/cependant bon nombre de termes techniques ont une racine grecque.

6. Bien que maints fléaux se soient abattus sur le monde, l'homme a toujours su les surmonter/Maints fléaux se sont abattus sur le monde, pourtant l'homme a toujours su les surmonter.

7. Où que vous alliez, quoi que vous fassiez, vous n'échapperez pas à l'invasion de la publicité.

8. Si étonnant que cela paraisse, les jours fériés étaient jadis beaucoup plus nombreux qu'aujourd'hui.

9. Bien que/quoique démuni de tout, sa fierté l'empêchait de se plaindre.

10. Si Rimbaud était en son temps un poète maudit, il est de nos jours célébré de tous.

 **11**

1. Mêmes sablées = même si elles étaient sablées... (ellipse de la subordonnée).

2. ... tout en sachant (tout + gérondif remplace "bien qu'il sache").

3. Bien que criblé ... = bien qu'il soit criblé ... (ellipse possible du verbe *être* après bien que, quoique).

4. Habituellement enthousiaste = quoiqu'il, bien qu'il soit ... (adjectif en apposition).

5. Il a beau dire (avoir beau + l'infinitif exprime l'opposition).

6. Sans nous en apercevoir (sans + infinitif = sans que + subjonctif).

7. Mis en demeure = s'il était mis en demeure (ellipse de la subordonnée).

8. Quoique aimant = quoiqu'il aimât... (participe présent apposé).

9. Perclus de rhumatismes = bien qu'il soit perclus... (cf. phrase 3).

10. Pour être jeune (pour + infinitif = bien qu'elle soit jeune).

**12** (*par exemple*)

1. Si harassée que fût l'infirmière, elle se rendit pourtant...

2. Bien que réputé insubmersible, le paquebot Titanic coula à pic...

3. Vous avez beau lui écrire, elle ne prend jamais la peine...

4. Tout en reconnaissant les mérites de son assistant/bien qu'il reconnût les mérites de son assistant, le chirurgien ne l'en trouvait pas plus sympathique.

5. Quand bien même sa famille l'en détournerait, il s'obstinerait.../Même si sa famille l'en détournait, il s'obstinerait....

6. Bien qu'elle mourût de peur, elle réussit

cependant.../Morte de peur, elle réussit.../Bien que mourant de peur, elle réussit...

7. Si mon manteau est léger, il n'en est pas moins chaud./Bien que mon manteau soit léger...

8. Bien que j'habite en banlieue, je ne me sens pas pour autant loin de tout./J'habite en banlieue et pourtant, je ne me sens pas...

9. Bien qu'il nous ait attiré beaucoup d'ennuis, il est.../Même s'il nous a attiré beaucoup d'ennuis, il est...

10. Bien qu'elle soit irrésolue, ce jour-là ... /Si irrésolue qu'elle soit, ce jour-là.../Tout(e) irrésolue qu'elle est/soit, ce jour-là....

**13**

1. Quelle que soit finalement ...

2. Tout bourru qu'il semble, .../si bourru qu'il semble ...

3. ... et pourtant/et cependant elle me déteste...

3. Où que l'on aille...

5. Si nous n'étions pas très intimes .../Même si .../ Alors que …

6. Quoi qu'il m'en coûte...

7. Vous avez beau protester ...

8. Pour charitable qu'il se dise ...

9. Quoiqu'elle essaie ...

10. ... malgré sa désinvolture ...

**14**

1. ... il a su malgré tout ...

2. C'est pourtant ici ...

3. or elle s'évanouit ...

4. ... de l'admiration tout de même.

5. ... nous pourrons toutefois .../cependant…

6. ... cependant/toutefois/néanmoins, on peut le rencontrer ...

7. ... et pourtant, le jardinier ...

8. ... en tout cas, nous, nous partons.

9. ... or, les principaux orateurs ...

10. ... pourtant pas au-delà...

**15** (*par exemple*)

1. Il n'a pas plu du tout, au contraire le soleil est apparu vers 11 heures.

2. La plupart des gens aiment la chaleur, à l'inverse, moi, je préfère le froid.

3. Il passe son temps à discuter au lieu de travailler.

4. Loin de participer à notre vie familiale, il s'est complètement détourné de nous.

5. Il a quitté la réception à l'insu de ses amis.

6. Jean a dû effectuer un stage à l'étranger contre son gré ; il aurait préféré rester près de sa famille.

7. Contre toute attente, Pierre a été reçu à son examen.

8. Nous partirons dans deux jours, quitte à prendre le train si la voiture n'est pas réparée.

9. Je suis bien fatigué, j'ai même un peu de fièvre, quoi qu'il en soit, je dois me rendre à cette réunion.

10. Il fera cette excursion à ses risques et périls : aucun guide ne peut l'accompagner.

**16** La narratrice énonce une série d'affirmations immédiatement corrigées par des oppositions et des concessions :

– "... je ne peux pas être triste, quoi qu'il m'arrive ..." (ligne 2).

– "... j'ai beau être gaie, j'ai le cœur fendu tout de même..." (l. 3).

– "... tout a beau péricliter, s'effondrer, je suis quand même ..." (l. 4).

– "... l'humanité, qui vit, certes, dans une misère affreuse, mais que ragaillardit ..." (l. 6).

– "... c'est malgré moi ..." (l. 8).

– " ... par tourner à la plaisanterie, émue pourtant ..." (l. 10)

---

**17** – "quelle que soit la saison" : quelle que + verbe être, s'accorde avec le nom féminin singulier "saison".

– "en quelque point que ..." : quelque, adjectif indéfini + un nom, s'accorde avec le nom.

– "quel que soit le paysage ..." : quel que + verbe être, s'accorde avec le nom masculin singulier "paysage".

# CHAPITRE 16

# L'expression de l'hypothèse et de la condition

**1**
1. je peux 2. ressentez 3. ne se dissipent pas/ne se sont pas dissipés 4. suiviez 5. avait mieux exécuté 6. avait poursuivi 7. permettaient/avaient permis 8. surviennent 9. survenaient 10. surgissent, se produise

**2**
1. ai 2. disposes 3. entre 4. ne s'était pas rompue 5. se présente 6. avais 7. seraient 8. n'avait pas changé/n'eût pas changé 9. a jamais mérité 10. n'avait pas été/n'eût pas été entouré

**3**
1. bénéficierez 2. vouliez 3. m'en aurait voulu 4. souhaitez 5. exprimez, ne prenez pas parti 6. avais été 7. faudrait 8. n'était pas intervenue 9. vous étiez tu(s) 10. vous apercevriez

**4**
1. prend 2. répandrait 3. contredise 4. se serait retrouvé 5. avait réfléchi/eût réfléchi 6. déchirât/déchire 7. ressentiez, suspendez 8. pleuve, vente 9. acquière, doive 10. empruntiez, longiez

**5**
1. se déversaient 2. surgissait/avait surgi/eût surgi 3. se produira 4. éprouviez 5. était dû 6. vient/venait 7. aviez fait 8. reconsidérerions 9. marchait 10. m'entretiendrais/me serais entretenu

**6**
1. s'adoucisse 2. se rompait 3. contraigne 4. fît/fasse 5. consentiront/auront consenti 6. s'épaississe 7. s'y résolve 8. atteigne, ait atteint 9. se levât, se lève 10. acquitterait

**7**
1. serait 2. connaisse 3. critiquiez 4. louait, blâmait 5. sache 6. réunisse 7. survienne 8. gèlerait 9. veuille 10. regardait

**8**
*(par exemple)*
1. Si un incident survenait dans la centrale électrique...
2. Si vous êtes dans l'embarras et qu'elle le sache, ...
3. A supposer qu'il fasse mauvais, ...
4. Au cas où son état s'aggraverait, ...
5. Pour peu qu'on lui fasse la moindre critique, ...
6. Qu'elle entende un bruit dans la rue, ...
7. ... à moins que nous ayons un empêchement.
8. Soit que vous la félicitiez, soit que vous la réprimandiez, ...
9. Pourvu que vous ne manifestiez aucune frayeur, ...
10. ... à condition que vous me préveniez suffisamment tôt.

**9**
*(par exemple)*
1. ... je vous les emprunterais.
2. ... si tant est qu'on puisse réunir tous les documents nécessaires.
3. ..., je resterais un an de plus à Paris.
4. ... selon que vous l'approuvez ou que vous la désapprouvez.
5. ..., il serait toutefois imprudent de partir.
6. Quand bien même elle échouerait, ...
7. Les vendanges seront bonnes...
8. ... comme si elle avait vu le diable.
9. Nous prendrons la route de bonne heure...
10. ... il faudrait prendre des mesures pour venir en aide aux sans-abris.

**10**
1. Gérondif = si vous signiez/au cas où vous signeriez...
2. Proposition participiale = si le marché se développait/à condition que le marché se développe.
3. Infinitif = si on gémit toujours.
4. Gérondif = si vous aviez pris l'avion.
5. Participe passé apposé = s'il avait été livré à lui-même.
6. Infinitif = à supposer qu'on les croie.
7. Proposition participiale = si on restaurait la façade et que la toiture soit refaite.
8. Participe présent = s'ils se retrouvaient...
9. Adjectif apposé = s'il avait été plus jeune.
10. Infinitif (même sujet dans les deux propositions) = qu'à condition que le conservateur vous y autorise.

**11**
1. A l'en croire...
2. Accusé ...
3. A moins d'être expulsés...
4. Moins naïve ...
5. ... en cédant à la colère.
6. ... à condition d'être soutenu par son entourage.
7. En taillant les rosiers, ...
8. A vous écouter, ...
9. Mieux guidé, ...
10. Convenablement soigné, ...

**12**
1. Si j'étais à votre place, ...
2. Si elle était coiffée autrement, ...
3. Si nous n'avions pas la musique, ...
4. Si vous n'avez pas de passeport, ...
5. Si le temps avait été clair, ...

6. S'il avait un autre coloris/s'il existait dans un autre coloris, ...
7. Si le chirurgien n'intervient pas rapidement, ...
8. Les deux candidats ... à moins qu'il n'y ait un changement de programme/sauf s'il y a ...
9. Au cas où le contrat serait rompu, ...
10. La livraison ... à condition qu'on paie/pourvu qu'on paie un léger supplément.

 **13**

1. Sauf si on est crédule, ...
2. Si on en jugeait par l'apparence, ...
3. Si on lui faisait la moindre observation/pour peu qu'on lui fît/fasse la moindre ...
4. ... si on raisonnait ainsi !
5. Nous vous rejoindrons sauf s'il survient un incident imprévu. /... à moins que survienne un incident imprévu.
6. S'il avait dit un mot de plus, ...
7. Si nous n'avions pas eu ce contretemps, ...
8. Au cas où votre candidature serait rejetée, ...
9. Si nous avions donné un coup de barre malencontreux, le voilier...
10. ... même s'il doit travailler jusqu'à l'aube.

**14**

1. A ta place, ...
2. En cas de propagation de l'épidémie, ...
3. En cas de rupture des relations diplomatiques, ...
4. Par beau temps, ...
5. A moins d'une chute dans les derniers kilomètres, ...
6. Sans ces yeux rieurs, ...
7. Sauf contrordre, ...
8. Moyennant/avec une augmentation de salaire, ..
9. A défaut d'iris, ...
10. Avec une plus grande attention, ...

**15**

1. Si vous vous abstenez de fumer, .../
Vous ne tousserez plus à condition que vous vous absteniez de fumer.
2. Si la porte du jardin restait ouverte, ...
3. Si/même si on m'offrait ce joyau, .../
Quand bien même on m'offrirait ce joyau, ...
4. Si on l'avait laissé faire, ...
5. Si vous abordez trop vite le virage, .../
Pour peu que vos abordiez trop vite le virage, ... vous vous retrouverez .../
Que vous abordiez ... et vous vous retrouverez ...
6. S'il n'y avait pas les pommiers en fleurs, ...
7. Si mon grand-père avait égaré ses lunettes, .../Pour peu que mon grand-père eût égaré ses lunettes, ...
8. Si tu t'attardes, ...
9. Si quelqu'un résolvait ce problème, il serait .../A supposer que quelqu'un résolve ce problème, il serait ...
10. S'il n'avait pas gaspillé son héritage, ...

 **16** *(par exemple)*

1. Je veux bien lui faire confiance ; encore faut-il qu'il cesse de parler à tort et à travers.
2. Accorde-moi quelques instants, ne serait-ce que dix minutes, pour que je puisse t'expliquer la situation.
3. Il est très timide : pour peu qu'on le regarde, il se met à rougir, à balbutier, et il est prêt à fuir.
4. Je vous communique ces informations confidentielles sous réserve que vous ne les divulguiez pas.
5. Moyennant un bon salaire, il est prêt à tout.
6. N'était le bruit incessant des voitures sur le boulevard, l'appartement spacieux, confortable, me conviendrait parfaitement.
7. Il est déjà 6 h 30 : nous avions rendez-vous, si je ne m'abuse, à 6 h précises.
8. Je pars ce soir pour La Rochelle ; tu pourrais, le cas échéant, venir m'y rejoindre.
9. Il a décidé d'abandonner ses études, quitte à le regretter plus tard.
10. Il est interdit de fumer dans le métro sous peine d'amende.

**17 A**

Tous les "si" du texte introduisent une hypothèse sauf dans la deuxième phrase (lignes 1 à 3) : "Si je suis présent ... Parce que je suis présent." et aux lignes 12 et 13 : "Si je suis normale ... comme les autres." où les "si" montrent la mise en relief de la cause.

**B**

– "Si je n'étais pas là, je serais ici, ..." : *irréel du présent.*
"Si je ne t'avais pas écrit, ... si je ne te l'avais pas envoyée, ... si tu ne l'avais pas décachetée, ... si tu n'avais pas appris à lire, ..." : *irréel du passé.*
– "Si je n'étais pas un jeune garçon, ... si je n'étais rien,... si j'étais, je penserais, ... si je pensais, je serais, ..." : *irréel du présent.*
– "Si j'avais démoli... elle se serait écroulée ... et je ne serais plus ..." : *irréel du passé + irréel du présent.*
– "Si je n'étais pas un autre, ..." : *irréel du présent.*
– "Si je n'avais pas eu trois jambes, ..." : *irréel du passé.*
– "Si vous ne faisiez pas dire ..." : *irréel du présent.*
– "Si ceux-ci veulent bien acquérir ..." : *supposition.*
– "Si celui-ci avait été plus sensé ..." : *irréel du passé.*
– "s'il le peut," : si + *présent, hypothèse* = à condition qu'il le puisse.
– "s'il va pouvoir" : si + *futur proche = forme absurde.*
– "si cela lui plaît, s'il a déjà fait ..." : *hypothèse* = à condition que cela lui plaise et qu'il ait déjà fait des travaux de ce genre.

# CHAPITRE 17

# L'expression de la comparaison

**1**
1. respire 2. ferait/aurait fait/eût fait 3. ne m'avais jamais vu 4. prévoyait/l'avait prévu
5. connaissions/avions connu 6. était montée
7. l'imaginait/avait imaginé/aurait imaginé 8. paraît
9. l'aurait cru 10. le craignait/l'avait craint/l'aurait craint

**2**

**A**

1. l'escomptait/l'avait escompté 2. s'attendrait/se serait attendu 3. m'avait promis 4. insisterez
5. présumait/avait présumé

**B**

1. a été ... a été/est troublée/avait été ... était/avait été/fut troublée/fut ... fut troublée 2. précise ... croît/précisait ... croissait 3. passe ... savoure/passait ... savourait 4. réprimande .... obéit/réprimandait ... obéissait/réprimandera ... obéira 5. laisserez/aurez laissé ... sera

**3**
1. plus ... plus 2. moins ... moins/plus ... plus/plus... mieux 3. plus ... moins 4. autant ... autant 5. plus ... meilleur 6. moins ... mieux 7. autant ... autant 8. plus ... meilleur 9. moins ... plus/plus ... moins 10. plus ... plus ... et moins

**4**
1. aussi ... que 2. d'autant de ... que 3. plus de/moins de ... que 4. d'autant plus ... que 5. d'autant moins ... que 6. plus de ... moins de 7. plus/davantage 8. à
9. plutôt que 10. mieux

**5**

**A**

1. comme 2. comme si 3. telle que 4. un tel 5. aussi ... que

**B** (*par exemple*)
1. comme s'il ne nous avait jamais vus. 2. mieux vous vous entendrez 3. de se faire voler 4. rester chez moi plutôt que (de) voyager 5. une goutte d'eau qu'une autre goutte d'eau

**6**
1. Je suis parti à midi comme vous.
Nous sommes partis à la même heure.
2. Mon frère et moi avons la même taille/sommes de la même taille.
Je mesure 1,80 m comme mon frère.
Je suis aussi grand que mon frère.

3. Votre appartement est plus grand que le nôtre.
Notre appartement est plus petit que le vôtre.
Votre appartement mesure 20 m2 de plus que le nôtre.
Notre appartement mesure 20 m2 de moins que le vôtre.
4. Ce feuilleton est meilleur que le précédent.
Le précédent feuilleton était moins bon que celui-ci.
Ce feuilleton est aussi excellent que le précédent était médiocre.
Autant le précédent feuilleton était médiocre, autant celui-ci est excellent.
5. Vous avez une collection de timbres plus importante que la mienne.
Ma collection de timbres est moins importante que la vôtre.
6. Cette toile est antérieure à celle-ci de 10 ans.
Cette toile est postérieure de 10 ans à celle-là.
7. Je ne m'attendais pas à un accueil aussi aimable de leur part/Leur accueil a été plus aimable que je ne m'y attendais.
8. Nous respirons d'autant plus mal que l'air se raréfie.
Plus l'air se raréfie, moins bien nous respirons.
9. Nous sommes arrivés 10 minutes après vous.
Vous êtes arrivés 10 minutes avant nous.
Nous sommes arrivés à 10 minutes d'intervalle.
10. Angers est trois fois plus loin de Paris que Chartres. Chartres est plus près/plus proche de Paris qu'Angers. Angers est plus loin/beaucoup plus loin/plus éloigné de Paris que Chartres.

**7**
1. Maria écrit mieux le français qu'elle ne le parle.
2. Jadis, les voitures étaient bien moins rapides qu'aujourd'hui.
3. La fatigue sera d'autant plus grande que le trajet sera plus long.
4. Je trouve que ces deux romans sont aussi passionnants l'un que l'autre.
5. On espérait que la vente aux enchères rapporterait davantage.
6. On aurait pu craindre que nos adversaires (ne) soient en fait plus vindicatifs.
7. La fusée doit être d'autant plus puissante que le satellite est plus lourd.
8. Tous les partis politiques, (ceux) de droite comme (ceux) de gauche, ont répondu à l'invitation du Premier ministre.
9. Il y a cinquante ans, les Français consommaient

deux fois plus de pain qu'aujourd'hui.
10. Michel est plus rapide que tous ses camarades. Michel l'emporte sur ses camarades en rapidité.

**8**
1. ... est similaire au vôtre.
2. ... est identique à l'original.
3. ... sont semblables.
4. ... est préférable à un survol rapide de l'ensemble.
5. ... n'est comparable à aucune autre cathédrale.
6. ... un autre dictionnaire : ...
7. ... j'éprouve le même sentiment.
8. ... pareille à celle-ci./...une exposition analogue.
9. ... en 1857, la même année que Madame Bovary ...
10. ... sont très différents des premiers.

**9**
**A** (*par exemple*)
1. Elle avait une espèce de talent pour harmoniser les couleurs.
2. L'avion de Clément Ader ressemblait à une sorte de grand oiseau.
3. Les similitudes entre ces deux textes sont troublantes. Y aurait-il eu plagiat ?
4. La ressemblance entre les deux sœurs jumelles était si grande qu'on se méprenait souvent, les confondant l'une avec l'autre.
5. A ta place, j'agirais autrement.
6. Sur toutes les questions, nous pensions différemment.
7. Les deux amies aimaient à s'habiller pareillement.
8. En comparaison de vos difficultés, les miennes sont minimes.
9. Quel apprenti écrivain ne se sentirait petit à côté d'un Marcel Proust ?
10. Par rapport à Tokyo, Paris est une ville d'une faible densité de population.

**B** (*par exemple*)
1. En géométrie, on compare souvent deux ou plusieurs figures entre elles.
2. Madame de Sévigné pensait que Racine n'égalait pas Corneille.
3. Le jeune garçon ressemble étonnamment à son oncle.
4. Il a l'air désespéré ; que lui est-il arrivé ?

5. Il a feint d'avoir mal compris et m'a fait répéter deux fois ma question pour me désarçonner.
6. L'enfant qui n'avait pas sommeil faisait semblant de dormir pour ne pas mécontenter sa mère.
7. Don Juan simule la passion.
8. On dirait qu'il va se mettre à pleurer.
9. Les deux frères différaient en tout.
10. Nos interprétations de ce texte divergent.

**10**
1. ... ont augmenté de plus du double.
2. ... textuellement, mot pour mot.
3. ... comme il vous plaira.
4. ... au plus tôt.
5. ... comme il le désire/selon son goût.
6. ... les plus éminents/parmi les meilleurs.
7. ... mieux que tous/mieux que tout le monde.
8. ... comme il peut, ni bien ni mal.
9. ... les mœurs changent/évoluent avec les époques.
10. ... vous avez de bonnes raisons d'avoir peur.

**11**
1. deux gouttes d'eau 2. un gant 3. un pot 4. un champignon 5. un cœur 6. une feuille 7. une Madeleine 8. un moulin 9. un arracheur de dents 10. un ogre

**12**  **A** *La ressemblance* :
... le but de la peinture est toujours *comme* il fut jadis (l. 1)
... que celui que peut lui procurer *aussi bien* le spectacle (l. 2).
... qui sera à la peinture, *telle qu'*on l'avait envisagée (l. 3).
... un art ... qui sera à la peinture ... *ce que* la musique est à la littérature (l. 4).
... *de même que* la musique est de la littérature pure (l. 5).
... en écoutant les bruits naturels *comme* le murmure d'un ruisseau (l. 7)
... *De même*, les peintres nouveaux procurent déjà ... (l. 10).

**B** *La différence* :
... d'y trouver *un autre* plaisir *que* celui ... (l. 2)
... vers un art *entièrement nouveau* ... (l. 3)
... une joie d'un ordre *différent de* la joie ... (l. 6).

# CHAPITRE 18

# L'organisation de la phrase

**1** **A**

1. Le contrôle des changes sera totalement supprimé à compter du 1er mars.
2. Une catastrophe aérienne a fait 153 morts aux Açores.
3. Le franc sera-t-il prochainement dévalué ?
4. Les élections législatives auront lieu les 14 et 28 juin prochains.
5. On a procédé à une nouvelle arrestation dans l'affaire de...
6. Un compromis a été trouvé entre les industriels...
7. La hausse des prix a été de 0,2 % en janvier/ Les prix ont augmenté de 0,2 % ...
8. Le trafic ferroviaire s'est amélioré.
9. Les contrôleurs aériens ont déposé un préavis de grève pour le ...
10. Le départ du Tour de France sera donné demain/Le Tour de France partira demain.

**B**

1. Incarcération du sous-directeur de la banque.
2. Inquiétude de la C.G.T. devant le (face au) projet...
3. Nomination aujourd'hui du nouvel administrateur...
4. Reddition des mutins de la prison...
5. Suspension des recherches pour retrouver...
6. Légère diminution du nombre des chômeurs en novembre.
7. Démantèlement par la police d'un réseau...
8. Réception hier de M. Georges D. sous la Coupole.
9. Nouvelle défaite de l'équipe de France devant (face à) l'Italie.
10. Reprise hier à Bruxelles des pourparlers...

**2** **A**

1. Je veux tout voir.
2. Il n'a jamais pu rien faire.
3. Pensez-vous que le moment de partir soit venu ?/ Pensez-vous que soit venu le moment de partir ? (littéraire)
4. Etudiez les cinq premiers vers du poème.
5. Une vaste place s'étendait devant la mairie./Devant la mairie s'étendait une vaste place. (littéraire)
6. Berlioz était le musicien français le plus important de son époque.
7. Nos cousins viendront peut-être ce soir./Peut-être nos cousins viendront-ils ce soir.

8. Je ne sais d'où ce bibelot provient./Je ne sais d'où provient ce bibelot.
9. J'entends quotidiennement mon voisin se plaindre./J'entends mon voisin se plaindre quotidiennement.
10. Les vaudevilles de Feydeau font toujours rire les spectateurs.

**B**

1. J'ai tout lu mais je n'ai rien compris.
2. Savez-vous ce que fait cet homme ?
3. Vous connaissez sans doute la nouvelle./Sans doute connaissez-vous la nouvelle.
4. Jacqueline seule était venue (= elle uniquement)/ Seule Jacqueline était venue. (= elle uniquement)/ Jacqueline était venue seule. (= non accompagnée).
5. Soudain un chien surgit au coin de la rue./Soudain, au coin de la rue, surgit un chien./Soudain, au coin de la rue, un chien surgit.
6. J'ai une opinion toute différente de la vôtre.
7. Il neige : il s'agit donc d'être prudent./Il neige : donc il s'agit d'être prudent.
8. Nous avons laissé les enfants sortir./Nous avons laissé sortir les enfants.
9. Le professeur fait faire des exercices aux étudiants.
10. Un silence absolu régna pendant les dix dernières minutes du spectacle.

**3** Toutes ces phrases appartiennent à la langue soutenue. C'est pourquoi la plupart des inversions pratiquées ici s'expliquent plus par des raisons stylistiques ou euphoniques que par des contraintes grammaticales ou sémantiques.

**A**

1. Symétrie volontaire des éléments, fréquente dans la comparaison avec *comme* (figure de style appelée *chiasme*).
2. La proposition commence par un complément circonstanciel, et le verbe n'est pas suivi d'un autre complément. (Le procédé permet ici de mettre en relief l'événement historique et de respecter la chronologie.)
3. Mise en relief du verbe (énoncé officiel, administratif...) et possibilité de développer un groupe sujet de longueur importante ou d'énumérer plusieurs sujets.

4. Proposition d'opposition introduite par *si* (*si* + inversion du pronom sujet = *si* ... *que*... : "si généreux qu'ils soient").

5. Proposition incise du discours direct.

6. Propositions interrogatives directes. Dans le second cas, il y a reprise du sujet par un pronom après le verbe, parce que ce sujet (ici : *cela*) n'est pas un pronom personnel.

7. La phrase commence par *à peine* (même inversion, fréquente — quoique non obligatoire – dans la langue soutenue avec : *aussi*, dans le sens de *donc*; *ainsi*; *sans doute*...).

8. – *dites-vous* : proposition incise du discours direct.
– *Encore faudrait-il que*... (ou : *encore faut-il que*...) : expression figée signifiant : "il faudrait toutefois que..."

9. – *Nombreux sont les Américains* : mise en relief de l'adjectif attribut qui permet de développer un groupe sujet de longueur importante.
– *Où eut lieu le débarquement* : inversion fréquente dans une proposition introduite par un pronom relatif complément. (*que, dont, où*...)

10. – Les deux premières propositions sont des propositions interrogatives directes.
– *Toujours est-il que*... : expression figée signifiant : "il reste que; la chose certaine, c'est que ..."

## B

1. Voir A. 2.

2. Double interrogation (= "combien de temps durera la séance ? Qu'en pensez-vous ?")

3. *Didier* : sujet de l'infinitif *arriver* (proposition infinitive).

4. Inversion obligatoire après *peut-être* placé en début de phrase (langue soutenue ; sinon, on dit : "peut-être que...")

5. Proposition "incise" (ici postposée) du discours direct.

6. – *sans doute*... : voir A. 7.
– *ses dernières lettres* : sujet d'une proposition introduite par un pronom relatif complément.

7. – *Les mêmes questions* : voir A. 2.
– *ces réunions* : voir A. 1.

8. *Serait-il exténué* : proposition d'opposition juxtaposée à la principale (= "Même s'il était exténué").

9. Voir A. 7.

10. Interrogation directe avec répétition du sujet (mise en relief).

## 4  A

1. – *C'est à moi*... : antéposition du complément indirect grâce au présentatif *c'est*.... (*que*) ...

2. Présentatif *voilà*... (*que*) ...

3. Inversion du sujet et du complément. (Voir exercice 3. A. 2.)

4. Reprise du sujet par un pronom personnel (*ils*) justifiée par le temps d'hésitation (*comment dire ?*)

5. Proposition relative substantivée antéposée (*ce que j'ai fait, je le*...)

6. Le complément d'objet est annoncé par un pronom personnel (*les*).

7. Il y a reprise de l'article et précision du substantif par un adjectif en apposition, mais ellipse de ce substantif (= "la seule solution").

8. Apposition marquant la concomitance des deux notions (*n'est pas moins* = est aussi). Symétrie des éléments.

9. Renforcement du pronom *nous* par l'indéfini *autres* pour marquer une différence, une opposition par rapport à ceux qui sont absents ou qu'on veut isoler par le discours ; ici, Valéry, par l'apposition du terme "civilisations", joue avec le procédé : nous savons maintenant que *toutes* les civilisations sont mortelles, même la nôtre (texte écrit au lendemain de la Première Guerre mondiale).

10. – *Rares sont*... : antéposition de l'adjectif attribut. (Voir ex. 3. A. 9.)
– *je veux dire* : procédé de précision par l'auteur de ce qu'il vient d'énoncer (= c'est-à-dire...).

## B

1. Ce sont les rescapés qui ont donné l'alerte.

2. Je vais vous la raconter, cette anecdote./Cette anecdote, je vais vous la raconter.

3. Voilà deux mois qu'ils ont célébré leurs noces d'or.

4. Nous hésitions. C'est moi qui ai pris la décision de partir.

5. Ville de tourisme, Chartres est aussi une ville de pèlerinage.

6. Ce n'est pas à moi qu'on peut imputer cette faute.

7. Depuis des années, la population n'avait pas connu une telle liesse./Il y a (il y avait) des années que la population...

8. C'est surtout dans le sud-ouest de la Fance que l'on pratique le rugby.

9. C'est par Clovis que la Gaule a été unifiée après les invasions barbares.

10. C'est le baron de Coubertin qui a proposé.../C'est en 1892, à la Sorbonne, que le baron de Coubertin a proposé.../C'est à la Sorbonne, en 1892, que le baron de Coubertin...

## 5

– une simple question = une seule question. – une question simple = une question facile.
– une curieuse personne = une personne originale, bizarre. – une personne curieuse = une personne désireuse de savoir, indiscrète.
– sa propre voiture = sa voiture personnelle. – une voiture propre = une voiture bien entretenue.
– un petit enfant = un jeune enfant. – un enfant petit = un enfant particulièrement petit, d'une taille inférieure à la moyenne.
– un certain âge = un âge difficile à fixer, imprécis (mais qui n'est plus jeune). – un âge certain = un âge évident (donc : vieux, avancé).

– un grand homme = un homme célèbre, illustre, qui a de la valeur. – un homme grand = un homme d'une haute taille, qui dépasse la moyenne.
– une brave femme = une femme bonne, honnête, simple. – une femme brave = une femme courageuse.
– mon ancien appartement : l'appartement que j'occupais auparavant. – un appartement ancien = un appartement qui existe depuis longtemps.
– un sérieux travail = un travail important. – un travail sérieux = un travail de qualité.

**6**
1. Un petit nez retroussé.
2. Une expérience originale et intéressante.
3. Une découverte scientifique importante./Une importante découverte scientifique.
4. Un sujet vaste et complexe.
5. Un grand rideau rouge.
6. Une adorable chatte blanche.
7. Un célèbre romancier français/Un romancier français célèbre.
8. Une belle étoffe soyeuse.
9. Un puissant groupe international/Un groupe international puissant.
10. Un haut mur gris.
11. Un petit village pittoresque./Un pittoresque petit village.
12. Un nouveau procédé industriel./Un procédé industriel nouveau.
13. Un tableau vert rectangulaire.
14. Un joli appartement ensoleillé.
15. Un vieil homme bourru.
16. Un roman policier passionnant/Un passionnant roman policier.
17. Une vilaine voix aiguë.
18. De longs cheveux bouclés.
19. Une voiture noire et blanche.
20. De nombreuses difficultés économiques et sociales/De nombreuses difficultés sociales et économiques/Des difficultés économiques et sociales nombreuses/Des difficultés sociales et économiques nombreuses.

**7**
1. Un seul exemple suffit.
2. Un homme seul... (= non accompagné)/Un seul homme... (= unique).
3. J'ai un seul reproche à vous faire.
4. Elle était restée seule avec ses trois fils.
5. Les enfants seuls se réjouirent.../Seuls les enfants...
6. Une maigre pension constituait son seul revenu.
7. La jeune fille accepta de chanter seule (= sans accompagnement)/Seule la jeune fille... (= seulement).
8. Elle n'accepta de chanter qu'une seule mélodie.
9. Au Moyen Age, seul le latin était.../le latin seul...
10. Au Moyen Age, le latin était la seule langue...

**8** (*par exemple*)
1. Aussitôt que nous avons été partis, nous avons regretté notre décision.

2. Tout courtois qu'il paraissait, il n'avait pas de mots assez durs...
3. Le débat n'a pu avoir lieu parce que l'un des protagonistes s'est désisté.
4. Bien qu'elle ait commis de nombreuses erreurs, sa réputation n'a pas souffert.
5. Sans que rien l'ait laissé prévoir, le président de la République...
6. Si fatigué qu'il fût par son travail, mon oncle nous accueillait toujours...
7. Quoique les styles de Manet et de Monet soient très différents, on confond...
8. Les bourrasques étaient si fortes qu'il était difficile...
9. Comme Antoine a perdu sa situation, il lui faudra...
10. Si vous achetiez ce guide de Paris, il ferait double emploi...

**9** (*par exemple*)
1. Comme mon cousin était très souvent intervenu pour nous, nous n'osions plus...
2. Je me demande s'il a réussi et ce qu'il a obtenu...
3. L'entrepreneur a parfois confondu intérêt général et intérêt personnel sans que personne s'en soit jamais aperçu.
4. Si vous le félicitez, il vous ignore et si vous l'ignorez, il vous sollicite.
5. Comme les amendements déposés par l'opposition ont retardé les débats et que les députés n'ont pas examiné tous les textes de lois prévus, une session extraordinaire sera nécessaire.
6. Le professeur est surpris que l'étudiant veuille changer de classe, puisqu'il se plaisait dans celle-ci et qu'il suivait le cours avec assiduité.
7. Quand Van Gogh s'est établi à Paris, en 1886, il n'avait aucune notoriété, alors qu'il peignait ou dessinait depuis longtemps.
8. La psychanalyse, dont Freud est le père, est une science récente qui a bouleversé la réflexion sur les comportements humains, mais qui a aussi suscité de nombreuses critiques.
9. On attend beaucoup de la nouvelle mise en scène du *Dom Juan* de Molière à la Comédie Française, parce que c'est une pièce difficile à jouer et sur la signification de laquelle on s'est souvent interrogé.
10. La météorologie nationale prévoit la fin des pluies diluviennes qui se sont abattues sur l'ouest de la France et qui ont rapidement provoqué une forte crue des rivières et l'inondation de plusieurs villages.

**10** (*par exemple*)
1. Si on s'abstenait, on ferait le jeu de l'adversaire.
2. Comme il a beaucoup de talent, il pourra réussir, à condition qu'il y mette du sien.
3. Rien ne s'oppose désormais à ce que vous entrepreniez votre voyage, puisque vous en avez obtenu l'autorisation.
4. Si vous lui demandiez de rendre des comptes, vous l'indisposeriez.

5. Comme son récital avait obtenu un grand succès et que le public applaudissait à tout rompre, le pianiste a dû jouer encore trois morceaux.
6. La jeune fille s'est esquivée alors que la fête battait son plein et sans que personne s'en aperçoive.
7. L'enfant a voulu escalader le mur alors qu'on le lui avait défendu et qu'il savait que c'était dangereux.
8. Il ne faut pas le bousculer parce que, bien qu'il soit lent de nature, il mène à bien ses projets.
9. Le brouillard était si dense que trente voitures, qui roulaient trop vite, ont été accidentées dans un carambolage qui n'a fait aucun blessé grave.
10. Qu'on les approuve ou qu'on les rejette, qu'on y voie un bienfait ou un danger pour la démocratie, tous les responsables politiques et sociaux sont contraints de tenir compte des sondages d'opinion qui envahissent quotidiennement nos journaux.

 **11**
1. d'ailleurs/en effet/en fait
2. Toutefois, en effet
3. du moins
4. Or
5. en effet/d'ailleurs
6. Or/en fait ; aussi
7. Quant au ; en fait
8. d'ailleurs
9. Certes
10. Or/en fait/toutefois. C'est pourquoi

 **12**
(*par exemple*)
1. ... ; or, le nombre de participants était insuffisant : le vote a donc été remis à une date ultérieure.
2. ..., du moins si les conditions météorologiques le permettent.
3. ..., que d'ailleurs vous connaissez déjà.
4. Mais peut-être auriez-vous pu lui téléphoner durant votre séjour.
5. Aussi le nombre des victimes a-t-il été limité.
6. ... : ainsi pourrons-nous assister au spectacle à 20 h 30.
7. Or, j'ai pu constater le contraire à maintes reprises.
8. ... ; quant à Marseille, c'est un port de commerce.
9. Rien, d'ailleurs, ne l'y obligeait !
10. En fait, personne ne connaît encore les résultats officiels du concours.

 **13**
1. par ailleurs 2. d'ailleurs 3. ailleurs
4. de ce fait 5. en fait 6. au moins
7. du moins 8. pour le moins 9. certes
10. certainement

 **14**
1. Il ne faut pas leur ordonner d'agir mais seulement les y inciter.
2. Voici un hôtelier qui sait attirer et retenir ses clients./... qui sait attirer ses clients et les retenir.
3. L'escroc a su voir la naïveté de son interlocuteur et en tirer profit.
4. Les héros cornéliens acceptent leur devoir et s'y conforment.

5. On ne peut à la fois poser une question et y répondre.
6. Il était jaloux de ses rivaux mais fasciné par eux.
7. ... les uns subissaient la fatalité, les autres se révoltaient contre elle.
8. Il a toujours salué ses voisins mais n'a jamais vraiment sympathisé avec eux.
9. Il est toujours désireux mais rarement capable de rendre service./Il est toujours désireux de rendre service mais (il) en est rarement capable.
10. Ecoute tes amis et fie-toi à eux.

 **15**
1. J'ai quelques indications à vous donner et quelques informations à vous demander.
2. Nous sommes opposés à vos solutions ou, du moins, (nous) n'y sommes pas entièrement favorables./Nous sommes opposés ou, du moins, peu favorables à vos solutions.
3. J'exige que vous veniez et que vous arriviez à l'heure.
4. J'attire votre attention sur l'importance et (sur) la difficulté de cet exercice.
5. L'auteur nous révèle ici sa conception du bonheur et les méthodes qu'il utilise pour y parvenir.
6. Le bijoutier nous a montré une broche en or et une (autre) en argent.
7. Il possède quelques vieux bibelots et il y tient beaucoup./... auxquels il tient beaucoup.
8. Les deux pays s'emploient à resserrer leurs liens et à trouver un compromis.
9. Ce professeur enseigne à des étudiants français et étrangers.
10. Cet employé s'occupe de l'accueil des visiteurs et de la réception des colis.

 **16**
1. Ce vase est trop fragile pour qu'on y mette des fleurs.
2. En gagnant trois courses coup sur coup, il s'est attiré l'estime de tous.
3. On lui a annoncé qu'il était ajourné sans qu'il en soit trop surpris.
4. En leur manifestant trop souvent notre reconnaissance, nous pourrions agacer nos bienfaiteurs./Si nous leur manifestions trop souvent notre reconnaissance, nos bienfaiteurs pourraient en être agacés.
5. Son médecin lui a avoué, une fois qu'il a été totalement guéri, combien il avait été inquiet pour lui.
6. En espérant une réponse favorable de votre part, je vous prie d'agréer, Monsieur, ...
7. Quoique sa robe longue fût démodée, elle avait toujours plaisir à la porter.
8. Cette abbaye est assez intéressante pour mériter le détour.
9. Bien que je déteste la marche, cette excursion m'a beaucoup plu.
10. Avant qu'il ne prenne sa retraite, nous avions organisé...

1. La France, qui est située à l'extrémité de l'Europe, jouit d'un climat tempéré.
2. La réception tirant à sa fin, nous avons pris congé de nos hôtes.
3. A leur place, je prendrais une décision.
4. Je prendrai une décision à leur place.
5. L'homme qui portait une barbiche s'avança vers nous (*relative déterminative* = celui qui...)/L'homme, qui portait une barbiche, s'avança vers nous (*relative explicative* : information supplémentaire).
6. J'ai visité l'Espagne, l'Italie, l'Allemagne et l'Angleterre, et j'ai beaucoup appris.
7. A ce moment malheureux, le prince fit son entrée./A ce moment, malheureux, le prince fit son entrée.
8. Seule, elle refit le chemin... (= quand elle fut seule).
9. L'étudiant, qui somnolait comme chaque jour, n'entendait pas.../L'étudiant qui somnolait, comme chaque jour, n'entendait pas...
10. Comment parviendrai-je à me justifier, se demanda-t-il.

**A**

Paris, comme la plupart des grandes cités, présente au premier abord des aspects rébarbatifs. En effet, avant même de connaître la ville, le visiteur se sent submergé : jamais il ne parviendra à visiter ces musées, ces monuments, à explorer tous les lieux historiques ou même à respirer l'atmosphère propre à chaque quartier. Certains, découragés d'emblée, murmureront un "à quoi bon ?" désenchanté, mais profiteront du soleil printanier, assis à une agréable terrasse de café. D'autres, de tempérament plus tenace, après avoir dressé l'inventaire des centres d'intérêt, consacreront leurs journées à vérifier *de visu* l'exactitude des renseignements fournis par leur guide. Ils se montreront surpris lorsque d'authentiques Parisiens leur révèleront sans aucune honte être rarement allés dans tel ou tel arrondissement.

**B**

Comme nous approchions de la ferme, nous avons perçu une voix qui appelait : "Au secours ! Aidez-moi !" C'est alors que nous avons distingué, en contrebas, dans le pré, un paysan dont la charrette s'était renversée et qui tentait vainement de dégager sa jambe immobilisée. "Nous arrivons !" lui ai-je crié, et nous nous sommes précipités vers lui.

**C**

Le jeune couple (ils étaient mariés depuis deux mois à peine) avait conçu le projet de faire l'ascension du Mont-Blanc. Dans un magazine feuilleté par hasard, ils avaient lu : "Ce sommet n'est pas réservé aux alpinistes chevronnés ; il est accessible à tout bon marcheur, pourvu qu'il soit bien entraîné et bien sûr accompagné d'un guide local." Ces lignes les avaient décidés. Pourquoi attendre ? Aussi avaient-ils consacré leurs premières économies à l'achat d'un équipement adapté.

*Texte de Victor Hugo*

Ce texte, fortement charpenté, est caractéristique de la rhétorique hugolienne. L'auteur (qui ne parle de lui qu'à la troisième personne), sûr de son talent de poète et de son droit à la "fantaisie" et au "caprice", répond ici – malgré ses dénégations – avec fierté, fausse candeur et... grandiloquence à ses détracteurs.
Nous soulignons principalement les adverbes et locutions qui contribuent à la fermeté de cette Préface tout entière écrite selon un rythme binaire (phrases balancées, groupes de deux synonymes ou de deux antonymes...)
– lignes 2 et 3 : *d'un côté..., de l'autre*.
– ligne 4 : *sans doute* (employé ici sans inversion du pronom sujet) : concession momentanée (= "certes") à laquelle répond le *Mais* de la phrase suivante (ligne 6) et la tautologie : "Qu'elles soient comme elles sont." (ligne 7).
– ligne 8 : *D'ailleurs* : addition et déplacement du raisonnement (voir aussi *d'ailleurs* à la ligne 14). On notera dans ce paragraphe la proposition relative sans antécédent ("Qui veut la liberté de l'art..."), la juxtaposition/coordination ( ; *et les luttes*) et la citation latine (= "je préfère la liberté, même dangereuse").
– ligne 11 : *Ce n'est pas que... ; mais c'est que..*
– ligne 12 : *Et puis...*
– ligne 14 : *Cependant...* : longue opposition énumérant les critiques qu'on adresse au poète, brièvement conclue par la formule (alinéa 21) : "Il ose affirmer..."
– ligne 22 : *Quant à lui...*
– ligne 23 : *ce ne sont pas... mais simplement...*
Le texte se termine, sur un ton hautain, par une référence historique aussi glorieuse que rhétorique : deux batailles napoléoniennes, deux victoires, deux antithèses ("terrain vulgaire"/"champ de bataille" ; "grands noms"/"petits villages").

*Texte de C. Lévi-Strauss*

Pour mettre en évidence l'enchaînement des idées de ce texte, nous en donnons un bref résumé :
*On lit dans certains traités d'ethnologie que les grandes inventions de l'humanité (le feu, la cuisson des aliments...) seraient dues au hasard (foudre, incendie naturel...). En fait – et on s'en aperçoit si l'on essaie de reproduire les outils préhistoriques dans les conditions de l'époque —, les techniques les plus élémentaires nécessitent toujours de profondes connaissances des matériaux et de leur exploitation.*
*La poterie offre un excellent exemple de cette difficulté qu'il y a à retrouver les gestes et les intuitions de l'homme préhistorique : le travail de*

l'argile, son modelage, sa cuisson sont des opérations qui prouvent que les conditions naturelles ne suffisent pas à tout expliquer.

Certes, le hasard a pu aider à certaines découvertes. Mais, qu'il s'agisse de l'invention de l'arc ou de la maîtrise de l'électricité, à chaque étape du progrès technique et scientifique, à chaque génération, l'imagination et l'effort de quelques individus sont toujours déterminants. Il en allait déjà ainsi, quoi qu'on en pense, pour les sociétés dites "primitives".

On notera particulièrement le *syllogisme* (raisonnement déductif) du troisième paragraphe :

1) Il est difficile de concevoir que des incendies naturels fassent bouillir ou cuire des aliments à la vapeur.

2) *Or*, ces méthodes de cuisson sont aussi répandues que les autres.

3) *Donc*, il faut croire au génie humain dans l'invention de ces méthodes.

(Voir une autre occurrence de *or* au début du quatrième paragraphe).

# CHAPITRE 19

# Révision I

**1**
1. parut 2. s'était éteint 3. distinguait 4. suivit 5. ne pouvaient pas 6. démarra/démarrait 7. n'entendait plus rien 8. apercevait 9. démissionna/eut démissionné 10. disparût/disparaisse/eût disparu/ait disparu

**2**
1. ameutaient 2. eussent franchi/aient franchi/franchissent 3. manquaient 4. auront contrôlés 5. on ne le dérangeât point/on ne le dérange point 6. s'étaient-ils mis/se furent-ils mis 7. a failli 8. obtint/eut obtenu 9. puisse (*but*)/pourra (*conséquence*) 10. grandissait

**3**
1. vît/voie (*but*), voyait/voit (*conséquence*) 2. donniez 3. fûmes/sommes 4. redoublait 5. s'est cassé/se cassa 6. renouvellerons 7. s'en rende compte/s'en soit rendu compte 8. aviez écouté 9. rencontreriez 10. comprît/comprenne/eût compris/ait compris – arrivait.

**4**
1. se sente (*cause*) – l'étreint (*cause*) 2. es (*si... c'est que ... = mise en relief de la cause*) 3. puisse (*relative finale*) 4. entende (*but*) 5. provient (*complétive*) 6. doive/ait dû (*conséquence*) 7. construirait (*complétive*) 8. ne se reproduise pas (*but*) 9. avait surpris (*temps*) 10. faisait (*relative*) – aurait dit (*conséquence*) – n'existait pas (*complétive*).

**5**
1. tant qu'/aussi longtemps qu'
2. tandis que/quand/lorsque/chaque fois que...
3. bien que/quoique
4. si... que/tellement... que
5. trop... pour que
6. parce qu'
7. si
8. même si
9. à condition que/pourvu que
10. si bien que/de (telle) sorte que.

**6**
1. s'
2. dès que/aussitôt que/après que/une fois que/ quand/lorsque, qu'
3. jusqu'à ce qu'
4. quand bien même
5. comme si
6. selon que/suivant que
7. au fur et à mesure que/à mesure que
8. d'autant moins qu', qu'
9. pourvu que/à condition que/pour peu que
10. encore qu'/bien qu'/quoiqu'

**7**
1. ... malgré sa grande jeunesse/son très jeune âge.
2. ... à la suite de/à cause de la rupture d'un essieu.
3. ... dès que le concert commença/eut commencé/fut commencé.
4. Au cas où on supprimerait des emplois/Si on supprimait...
5. ... après (la) réduction des frais de gestion.
6. ... bien que les archives aient été en partie détruites.
7. ... avant la reprise violente des combats.
8. ... grâce à sa parfaite connaissance de l'anglais.
9. ... parce qu'il avait insulté un agent.
10. ... jusqu'à ce qu'un nouveau Premier ministre soit nommé.

**8**
1. Malgré la chute du gouvernement, ...
2. ... parce que les négociations avaient échoué.
3. ... après que l'Assemblée eut été dissoute...
4. Jusqu'à la découverte de l'Amérique, ...
5. ... malgré l'interdiction du préfet (préfectorale).
6. ... parce que le véhicule roulait trop vite.
7. ... s'il était envahi/au cas où il serait envahi.
8. ... malgré l'intervention rapide des pompiers.
9. ... dès que Napoléon abdiqua/eut abdiqué.
10. Malgré leur progression régulière, ...

**9**
1. ... de peur d'être importunée.
2. ... au point de réveiller...
3. ... sans être vu de personne (= à l'insu de tous).
4. ... à condition d'être aidé.
5. ... pour être pardonné.
6. ... de façon à être compris de tout le monde.
7. Aussitôt après avoir atterri au Bourget, Lindbergh...
8. Le client a trop insisté pour se voir/s'entendre refuser cette faveur.
9. ... pour voir le tunnel sous la Manche devenir réalité.
10. ... avant d'en voir les images à la télévision.

**10** (*par exemple*)
1. ... si on vous avait annoncé une pareille nouvelle ?
2. ... nous aurons repeint l'appartement.
3. ... jusqu'à ce que tout le monde comprenne/ait compris.

4. ... pourvu que vous libériez la chambre avant le 12 mars.

5. ... sauf si son témoignage est indispensable.

6. ... telle que toute la ville en fut émue.

7. ... après que vous aurez présenté les garanties nécessaires.

8. ... une complication ne survienne.

 **11**

*(par exemple)*

1. ... pour peu qu'on lui fasse un reproche.

2. ... sous prétexte que sa mère était malade.

3. ..., j'ai toute raison de le croire.

4. ... sans que la vitrine soit brisée.

5. ... si sa santé le permet.

6. ... étant donné que vous ne disposez pas des éléments nécessaires.

7. ... à moins que le temps ne le permette pas.

8. ... quoi qu'on lui dise.

 **12**

*(par exemple)*

1. ... au moment où les premiers coureurs pénétrèrent dans le stade.

2. Du moment que vous êtes tous d'accord sur la conduite à tenir, ...

3. ... à mesure qu'on apprenait les résultats du concours.

4. ... dans la mesure où vous le mériterez.

5. ... bien que la baignade fût interdite à cet endroit.

6. ... si bien qu'il a été déporté vers le talus.

7. ... quoique le soleil brillât.

8. ... quoi qu'il advienne.

 **13**

*(par exemple)*

1. Remarquons que personne n'a encore résolu l'énigme.

2. Supposons que vous gagniez à la loterie. Que feriez-vous ?

3. Admettons que vous ayez raison, cessons de discuter !

4. Voyons si vous avez fait des progrès...

5. Croyez bien que je suis de tout cœur avec vous.

6. N'insistez pas si l'on vous interdit d'entrer.

7. Sachez que nous avons fait notre possible pour vous aider.

8. Souvenez-vous que vous nous avez promis de venir !

9. Dites-vous bien que rien ne nous fera changer d'avis.

10. Dites-leur que nous les attendons devant l'horloge.

# Révision II

**1**
1. son 2. ses 3. leur 4. son/leur 5. son, ses, ses
6. leur/leurs 7. ses 8. ses 9. son 10. leur

**2**
1. leur, la 2. les, les 3. lui, le 4. me, mon 5. se, leurs
6. m', la 7. leur, leur 8. lui, se 9. les, s' 10. leur, se

**3**
1. préposition (destination, = à l'intention de)
2. prép. (but, = afin de)
3. conjonction de subordination *pour que* (but, + subjonctif, = afin que)
4. *Il suffit que* (+ subj.) ... *pour que* (+ subj.)...
5. locution conjonctive *trop... pour que...* (conséquence, + subj.)
6. *ne... personne pour* (+ infinitif) = ne ... personne qui...
7. prép. (conséquence, résultat) = "et finalement elle choisit..."
8. prép. (cause, + inf.) = parce que...
9. prép. (cause, + inf. passé) = parce que...
10. *idem.*
11. prép. (cause) = à cause de, en raison de...
12. locution conj. *pour... que* (concession + ind. ou subj.) = "si ennuyeuse que soit..."/"tout ennuyeuse qu'est..."
13. prép. (marquant un terme dans la durée, = "pendant trois ans à partir de maintenant").
14. prép. (but dans l'espace, direction).
15. *passer pour* = être considéré comme...
16. *prendre qqun, qqch pour* : croire qu'une personne, une chose, est.../confondre avec...
17. *réputé pour* = célèbre, renommé à cause de...
18. *pour cause de* = en raison de, par suite de...
19. prép. + article indéfini + nom (opposition) = "bien que vous soyez..."
20. prép. (comparaison) = par rapport à, "par comparaison avec ceux de son âge".

**4**
**A**
1. Comparaison (= "aussi beau que...")
2. Qualité, identité (= en tant que).
3. Cause (= puisque, étant donné que).
4. Temps (simultanéité = au moment où, alors que).
5. *Reconnaître comme = admettre pour* (= "comme étant le chef...")
6. (Adverbe) = comment.
7. Cause (= "il était si faible que...")
8. Comparaison et condition (irréel du présent).

*Comme si de rien n'était = en affectant l'innocence, l'indifférence...*
9. Comparaison atténuée (= "comme s'il était...")
10. Manière (= "de la manière qu'il vous plaira, selon votre désir").

**B**
1. Qualité, identité (= en tant que).
2. Comparaison et addition (= et, de même que, ainsi que).
3. Comparaison (= "aussi bien que..."; "comme sa poche" = à fond, très bien).
4. (Adverbe exclamatif) = que ...!
5. *Considérer comme = juger, tenir pour* (= "comme étant le père...")
6. Comparaison.
7. Comparaison et condition (irréel du passé).
8. Comparaison (= "comme s'ils allaient partir").
9. Cause (= puisque, étant donné que).
10. Comparaison (= de la même manière que).

**5**
1. Conjonction de subordination. Hypothèse (potentiel ou irréel du présent).
2. Conj. de sub. Cause ( = puisque).
3. Adverbe (interrogation indirecte).
4. Conj. Mise en relief de la cause (si..., c'est parce que...).
5. Adverbe (interrogation indirecte).
6. Conj. Concession (= "il est (très) économe, mais il n'est pas mesquin").
7. Conj. Temps, habitude (= toutes les fois que).
8. Locution conjonctive. Comparaison négative (si... que = aussi... que).
9. Adverbe (interrogation indirecte).
10. Conj. Hypothèse (irréel du présent, désir ou regret; ellipse de la proposition principale).

**6**
1. – "*si* loin" : comparaison négative elliptique (= "aussi loin qu'elle va");
– "*si* la vanité" : hypothèse (irréel du présent).
2. Cause (= puisque) et addition, simultanéité (= "vous me dites que..., moi aussi").
3. Hypothèse (éventuel). *Si* est repris ici par *que* + subj.
4. Habitude (= quand) et concession (= même si).
5. Cause (= puisque).
6. Conséquence (si ... que = tellement... que).
7. Adverbe d'intensité (= tellement).

8. – "*si* bien pris... *que*" : conséquence.
– "*s*'il lui avait fallu" : hypothèse (irréel du passé).
– "*si* elle avait dû" : hypothèse dans la comparaison
(autant... que si...).
9. Concession (si... que = quelque... que).
10. Adverbe d'affirmation (contredit la négation
précédente).

**7**
1. Adverbe exclamatif (= comme... !)
2. Adverbe exclamatif (= combien de... !)
3. – "*Que* vouliez-vous" : pronom interrogatif ;
– "*qu*'il fît" : conj. de sub. (introduit une prop. sub.
complétive).
– "*Qu*'il mourût, ou *qu*'un..." : conj. de sub. (idem).
4. Pronom relatif.
5. Locution conjonctive *si... que* (conséquence =
tellement... que).
6. Reprise de *si* (+ indicatif) par *que* (+ subjonctif).
7. *Que... ou que* (+ subjonctif) : alternative.
8. Conjonction introduisant une indépendante au
subjonctif (ellipse de "je veux que...") (4 fois).
9. Expression figée : *il y a* + indication de temps +
*que*.
10. – "*que* chaque attente" : conjonction introduisant
une indépendante au subjonctif et marquant le
souhait.
– "ne désire *que*" : restriction (2 fois).
– "ce *que*" : pronom relatif neutre complément
d'objet (antécédent : *ce*).

**8**
1. tant 2. tant qu' 3. en tant que 4. autant que
5. tant/autant 6. tant... que 7. autant 8. autant... qu'
9. autant 10. tant... qu'

**9**
*Une biographie peut s'écrire au présent ou au passé.
A titre d'exemple, nous présentons celle-ci au
présent, et la suivante (n° 10) au passé.*
Jean-Baptiste Poquelin naît à Paris en janvier 1622.
Il est le fils de Jean Poquelin, tapissier du roi, et de
Marie Cressé.
A l'âge de onze ans, Jean-Baptiste entre chez les
Jésuites du Collège de Clermont, où il reçoit une
solide instruction classique. Puis le jeune homme
entreprend des études de droit à Orléans, où il
obtiendra sa licence en 1642.
C'est en 1643 qu'il constitue, avec Madeleine Béjart,
la troupe de "l'Illustre Théâtre". Il n'adoptera le nom
de Molière qu'un an plus tard.
Vient alors une période mal connue, qui s'étend de
1645 à 1658 : on sait que la troupe voyage en
province où elle donne des représentations d'auteurs
contemporains.
De retour à Paris en 1658, Molière s'installe, avec sa
troupe, dans la Salle du Petit-Bourbon. Son premier
succès parisien, avec *Les Précieuses Ridicules*, date
de 1659. C'est au cours de l'année suivante que
Molière crée le personnage de Sganarelle, qu'il
interprétera lui-même dans plusieurs de ses pièces.
En 1661, la troupe se fixe au Palais-Royal, où seront

joués avec succès deux comédies, *L'Ecole des maris*
et *Les Fâcheux*.
L'année qui suit est marquée par le mariage de
Molière, qui épouse Armande Béjart, et par la
première représentation de *L'École des femmes*.
Le premier enfant de Molière naît en 1664 et meurt
dans les mois suivants. La même année, *Tartuffe* est
représenté pour la première fois. Mais les dévots
réagissent violemment et le roi interdit de donner la
pièce en public.
En 1665 est créé *Dom Juan*, œuvre qui suscite à
nouveau l'indignation des dévots. Malgré le succès
de la pièce, Molière est contraint de la retirer.
L'auteur se voit toutefois nommé à la tête de la
Troupe du Roi.
Malade, Molière loue une maison à Auteuil.
Cependant son activité théâtrale continue avec
*Le Misanthrope* et *Le Médecin malgré lui* (1666).
Suivent, en 1668, *Amphitryon, George Dandin,
L'Avare*. Et *Le Tartuffe*, enfin autorisé en 1669,
connaît un immense succès.
Molière collabore ensuite avec le musicien Lully :
*Le Bourgeois gentilhomme*, comédie-ballet, est joué
à Chambord (1670). Le comédien revient ensuite à la
farce avec *Les Fourberies de Scapin* en 1671.
L'année suivante est assombrie par la mort de
Madeleine Béjart. *Les Femmes savantes* rencontrent
un franc succès.
Le 17 février 1673, Molière est pris d'un malaise en
scène, lors de la quatrième représentation du *Malade
imaginaire*, et meurt peu après.

**10**
*Cette biographie est rédigée au passé. On se
reportera au n° 9 pour trouver un exemple de
biographie au présent.*
Gustave Flaubert naquit le 12 décembre 1821,
à Rouen, où son père était chirurgien en chef de
l'Hôtel-Dieu.
Il fit ses études secondaires au lycée de Rouen.
Après avoir obtenu son baccalauréat, le jeune homme
entreprit des études juridiques à Paris. C'est alors
qu'il éprouva ses premiers ennuis de santé.
En 1846, il perdit successivement son père et sa sœur.
C'est à la même époque que Gustave, qui fréquentait
l'atelier de Pradier, lia connaissance avec Louise Colet.
Dès l'année suivante, il rédigea une première esquisse
de *La Tentation de saint Antoine* et conçut sa
première idée de *Madame Bovary*.
L'écrivain partit, en 1850, pour un long voyage en
Orient. A son retour, en juin 1851, il se retira auprès
de sa mère, à Croisset, en Normandie, où il travailla
régulièrement à la rédaction de *Madame Bovary*.
Il entretint une correspondance suivie avec Louise
Colet jusqu'en 1853.
*Madame Bovary* fut d'abord publiée dans la *Revue de
Paris* en 1856. L'année suivante, le roman donna lieu
à un procès pour immoralité, au terme duquel l'auteur
fut acquitté. L'œuvre parut alors en un volume.
D'avril à juin 1858, Flaubert voyagea en Tunisie pour

préparer *Salammbô*. L'ouvrage devait paraître en librairie en 1862.

L'année 1869 vit la publication de *l'Education sentimentale*, cependant que le romancier était la proie de graves crises nerveuses.

Trois ans plus tard, sa mère décédait.

Flaubert publia sa troisième version de *La Tentation de saint Antoine* en 1874. Il consacra les trois années qui suivirent à rassembler des documents pour ses œuvres à venir : *Trois Contes* et *Bouvard et Pécuchet*.

Mais sa santé déclinait rapidement. Il mourut subitement à Croisset, le 18 mai 1880. *Bouvard et Pécuchet* parut, inachevé, en 1881.

La *Correspondance* de Flaubert fut éditée entre 1884 et 1892.

Imprimé en France par I.M.E. - 25110 Baume-les-Dames
Dépôt légal n° 8699-01/2001
Collection n° 23 - Edition n° 08
**15/4825/4**